A' MUNTAGNOLA

Zwischen Absatz und Stiefelspitze *Die Basilicata*

A' MUNTAGNOLA

Die Basilicata und ihre Küche
Eine Entdeckungsreise

Text von Sigrid Fontana
Rezepte von Angela Matarrese
Nach einer Idee von Pino Bianco
Mit Beiträgen von
Carmen Lasorella · Filippo Mele · Christoph Klimke

: TRANSIT

© 2002 by :TRANSIT Buchverlag
Gneisenaustraße 2 · 10961 Berlin
www.transit-verlag.de

Umschlaggestaltung und Layout:
Gudrun Fröba
Druck und Bindung:
Pustet GmbH, Regensburg
ISBN 3-88747-176-8

Inhalt

A Ciccio Bianco

Vorwort

Zum ersten Mal komme ich in die Verlegenheit, ein Vorwort für ein Buch zu schreiben, in dem es auch um Küche geht und das gespickt ist mit vielen typischen Rezepten: von der *Pasta*, angemacht mit Lammsauce, bis zum Kichererbseneintopf. Ich bin kein berufsmäßiger Gourmet, obwohl ich eine gute Tafel nicht verachte. Somit werde ich keinesfalls versuchen, Geschmack und Zubereitung der Menüs und Gerichte zu beschreiben. Aber als Lukanerin, die Erfahrungen in Deutschland hat sammeln können, kehre ich sehr gerne in jene «antike Welt» zurück, in jene bäuerliche Welt, bestehend aus Wohlgeschmack und Tradition, eine Welt, die inzwischen zu den Erinnerungen gehört (die Zeiten haben sich auch dort geändert, obwohl die Veränderungen nicht in der Geschwindigkeit vorwärtsschreiten wie im neuen Berlin), aber nach wie vor stark in ihren Wurzeln verankert ist …

Und nun also räumen wir die Mißverständnisse vom Tisch: Bäuerliche Tradition des italienischen Südens, betrachtet von außerhalb, darf sich nicht nur auf Bilder von Rückschrittlichkeit und Armut beschränken. Die hat es gegeben, gewiß, es gibt sie noch, aber unser Augenmerk sollte auf das Substantiv «Zivilisation» gerichtet sein.

Die Orte Lukaniens waren und bleiben ein Becken von starker Identität, von Stolz und Würde. Und viele Emigranten, die vor 'zig Jahren jene «Erde aus Wäldern und Kalkstein, trostlose Erde, wo der Weizen nur mit Mühe wächst und die Oliven den Geschmack des Vergessens und das Aroma der Tränen tragen, verlassen haben», um mit Leonardo Sinisgalli zu sprechen, haben in den Koffern zwischen den armseligen Hemden mit Sorgfalt ihre Werte zusammengefaltet, nach denen sie auch hier lebten. Danach sind ihnen weitere Landsleute gefolgt. Diese trugen bessere Hemden, Dank der Arbeit ihrer Vorgänger, aber die Werte blieben dieselben.

Ich weiß nicht, wieviele unter den jetzigen und zukünftigen Gästen des Restaurants «A' Muntagnola», dessen gute Seele Pino Bianco die Idee zu diesem Buch gehabt hat, jemals Lukanien oder die Basilicata, wie es auch genannt wird, bereist haben.

Denjenigen, die Lust verspüren sollten diesen Flecken Erde zu besuchen, kann ich schon vorankündigen, daß auf sie eine herrliche Überraschung wartet. Es ist ein jungfräulicher Süden. Rein. Sei es von der Natur, sei es vom sozialen Standpunkt aus betrachtet. Eine Landschaft, die sich von den Bergen bis zum Meer hinzieht, wenige Einwohner, wenige Fabriken, jeder Flecken fruchtbaren Bodens bebaut, weidende Tiere, kleine und saubere Dörfer. Die nahezu achtunddreißig Kilometer Küste, von der man auf das Tyrrhenische Meer blickt, sind von atemberaubender Schönheit. Nicht zu vergessen die Ionische Küste mit breiten weißen Sandstränden.

Bis vor wenigen Jahrzehnten eine wenig beachtete Landschaft, klein und im Innenland gelegen, ist sie heute eine Perle, eine Quelle für den gesamten Süden. Kehren wir zur Küche zurück, denn vor allem von ihr handelt ja dieses Buch. Sie ist der sprichwörtliche Ausdruck einer Vielfältigkeit, die aus unverfälschten Zutaten und Phantasie entsteht. Um deutlich zu sein: Ich meine nicht die Phantasie der heutigen Köche, die jedes Gericht bepinseln, die auf Spargel Erdbeercrème streichen (eine Mixtur, die dennoch gelungen zu sein scheint). Die Phantasie, auf die ich mich beziehe, war jene, die Mittagessen und Abendessen in Haushalten mit zwar wenigen vorhandenen Mitteln, aber mit viel Familiensinn zubereiten ließ.

Zum Beispiel die *I Strascinati*, eine aus Wasser und Mehl hergestellte *Pasta*, mit viel Arbeit für den Zeigefinger; die *Passato di Fave e Cicoria* (sämige Suppe aus passierten frischen Saubohnen und Löwenzahn), auf den Feldern im Frühling geerntet, angereichert mit dem guten selbstgepreßten Olivenöl; das *Pancotto*, um das altbackene Brot weiter zu verarbeiten; die *Teglie* (Pfannen) zu den Festtagen, bestehend aus Ziegenlamm und Kartoffeln; die *Spuntature di Maiale al Sugo*, die *Cotiche con i Fagioli*, denn vom Schwein, dem so wichtigen Bestandteil der Hauswirtschaft, wird einschließlich von in *Sugna* (Schmalz) konservierten Wurstwaren für den Winterbedarf kein Stückchen verschwendet, selbst die Schwarte wird gegessen.

Und dann sei erinnert an *I Gnumiridd*, die mit Innereien vom Lamm und dem Lorbeerblatt gefüllten Röllchen, am Spieß zubereitet; *U Cutturiddu*, gekochtes Zicklein, aufgeschäumt und mit Kräutern gewürzt, nicht zu vergessen die *Peperoni cruschi*, an der

Sonne getrocknet, mit einer Schnur zu großen Girlanden gebunden und am Hauseingang aufgehängt. Bis hin zu der *Zuppa di Cardi*, der Suppe der Disteln, wild auf den Feldern gewachsen und mit Vorsicht gesammelt, und dem *Granturco arrostito*, Maiskolben, kross geröstet im Duft ihrer Körner, während die jungen Burschen auf der Tenne scherzten.

Ich war damals ein kleines Mädchen und wir gingen den Großvater besuchen. Ich erinnere mich an diese wohlriechenden Düfte, ebenso an die der Fleischstücke, die vor den Metzgereien auf Holzkohle gegrillt wurden. Mein Großvater kaufte eine Portion und reichte sie mir mit seinen großen Händen. Nicht mit der besten Vesper der Welt hätte ich sie eingetauscht!

Gewiß, Großvaters Ansehen zeigte sich bei seinen Schritten über die Pflastersteine der Piazza, wurde gemessen am Aufschlag seines Stockes, während seine Mitbürger ihn mit einem «Don» als Zeichen der Hochachtung, aber auch der Freundschaft grüßten. Und jene streng blickenden Augen, für mich auch voller Zartgefühl, und das alles in der fröhlichen Sommeratmosphäre, leicht vom Sommerwind bewegt, während die Mohnblumen in der Sonne langsam verblühten.

Man spricht von der Kindheit und schon wird man poetisch – aber es gibt schlimmere Sünden – und um auf den Zusammenhang zurückzukommen: die Absolution werden auch jene brauchen, die Völlerei treiben. Ganz bestimmt aber nach der Lektüre dieses Buches. Einen besonderen Dank an Mamma Angela, Bewahrerin des lukanischen Geschmacks.

Juli 2002
Carmen Lasorella

Filippo Mele

Die Basilicata – Ein Panorama

Wie stellt man die Basilicata (oder Lukanien) den Menschen in
Deutschland vor? Indem man ihnen das Gebiet innerhalb der Gren-
zen im Herzen Süditaliens beschreibt, also jenes, das zwischen
Apulien, Kampanien und Kalabrien liegt? Oder indem man ihnen
die archäologischen und historischen Stätten, die Umwelt und
Landschaft näher bringt? Oder indem man ihnen etwas über die
herzliche und gastfreundliche Wesensart seiner Bewohner erzählt?
Damit diese Vorstellung zu beginnen, würde heißen, der Sache so-
zusagen einen «globalen» Geschmack zuzufügen, gültig für jede
Ecke des Planeten. Besteht also eine Besonderheit in der Beziehung
zwischen dieser Region und den Deutschen? Eine Besonderheit,
offensichtlich, eine positive? Ja. Es bestehen sogar zwei.

Auf den Spuren Friedrich II. Die erste heißt Friedrich II. von
Schwaben aus dem Hause der Hohenstaufen. Der König des Deutschen Reiches und Kaiser des Heiligen Römischen Reiches, er lebte von 1194 bis 1250, von den Historikern als «Stupor mundi»
(«Das Staunen der Welt») wegen seiner Großartigkeit bezeichnet,
war der erste große Deutsche, der dieses Fleckchen Erde betrat.
Und noch heute wird hier seiner gedacht. Es war in der Tat in Melfi, wo er im Jahre 1231 die «Constitutiones Augustales» (Römi-

sches Recht) verkündete. In dieser Stadt ist eine jener Künste wiederbelebt worden, die Friedrich derart liebte, daß sie ihn sogar verleitete, ein Traktat mit dem Titel «Das Universum der Vögel» zu schreiben: Über die Jagd mit dem Falken. Aber in der Basilicata hat er große Zeugnisse seiner Anwesenheit hinterlassen: eine ganze Anzahl von Burgen, die deswegen als «Federicianer-Burgen» bezeichnet werden. Sie bildeten eine Verteidigungslinie vom Norden zum Süden der Region. Unter den zahlreichen Burgen nennen wir die Burg von Melfi, Palazzo San Gervasio, und die Burg, die typisch ist für Friedrichs Geschmack, Lagopesole. Insgesamt hat Friedrich einundzwanzig Burgen und zehn befestigte Ortschaften hinterlassen. Gilt ein Deutscher also als einer der Väter der Basilicata? Ganz bestimmt. Warum also an der Schwelle des dritten Jahrtausends nicht seinen Spuren nachgehen, die Orte besuchen, wo er geherrscht hat, aus größerer Nähe die von ihm gegründeten Städte betrachten. Auf den Spuren Friedrich II. also, auf zur Entdeckung dieser an Geschichte und Tradition reichen Region. Auf zur Entdeckung dieses Stücks modernen Europas, das aus der Vergangenheit die Zukunft bauen will. Und die Vergangenheit ist steinalt.

Die Sassi von Matera   Tatsächlich sind sie einer der Orte, den die Forscher für eines der ersten bewohnten Zentren der Welt halten. Sie werden von der «Unesco» als Weltkulturerbe anerkannt. «Die Sassi sind Höhlen, die in die Schluchtwände aus getrocknetem Ton hineingegraben worden sind: jede hat eine Fassade; einige sind sogar mit Ornamenten aus dem achtzehnten Jahrhundert verziert. Die Straßen sind Fußböden für diejenigen, die aus den Behausungen von oben herausgehen und Dach für diejenigen, die darunter wohnen. Ich ging an den Höhlen vorbei und sah sie von innen, sie bekommen weder Licht noch Luft, höchstens durch die Außentür. Jede Familie besitzt im allgemeinen nur eine Höhle als Behausung, und alle schlafen sie darin, Männer, Frauen, Kinder und Tiere. So leben zwanzigtausend Menschen.» So beschreibt Carlo Levi in seinem berühmten Roman «Christus kam nur bis Eboli» die Lebensbedingungen in den *Sassi* in der Zeit des Faschismus, die er miterlebt hat. Diese antiken Quartiere waren schon immer bewohnt gewesen, in der paleolithischen Zeit, während der

frühgeschichtlichen Zivilisationen und in allen sich anschließenden historischen Epochen. Heute entstehen sie wieder von neuem, werden zu neuem Leben erweckt, dank ihrer Eignung als Wohnraum, Geschäftsraum, touristische Sehenswürdigkeit.

Die Magna Grecia «In der Basilicata», so hat der rumänische Archäologe Dinu Adamesteanu festgestellt, «befindet sich einer der wenigen noch erhalten gebliebenen Reste der gesamten *Magna Grecia*: die Tavole Palatine von Metaponto». Aber die Griechen (zunächst waren es die Mykener nach dem trojanischen Krieg, danach die Achäer) zum Kampf herauszufordern, das wagten die einheimischen Völker der Önotrier und Lukanier. Die letzteren sind als ein «stolzes Volk von Kriegern» beschrieben worden, die sogar in der Lage gewesen sind, die Kolonisatoren zu unterwerfen, bevor sie von Rom besiegt wurden. Zahlreiche Gräber von ranghohen Persönlichkeiten sind gefunden worden, darin Schwerter, Rüstungen, Schmuckstücke und andere wertvolle Ausstattungsstücke. Mit der *Magna Grecia* jedenfalls erlebte der südliche Teil der Region, der sich zum Ionischen Meer erstreckt und auf einer Länge von nur sechsunddreißig Kilometern gut fünf Flußmündungen einschließt, seine höchste Glanzzeit. Zunächst Siri, dann Metaponto und Herakleia waren die bedeutendsten Städte gewesen. Die Ausgrabungen

Metaponto, 2002

haben Anlagen ans Licht gebracht, die den Göttern gewidmet waren, außerdem Fundamente und Mauern vergangener Städte, ihre Plätze, Straßen und Befestigungen. In den Museen sind die Stücke ausgestellt, die bei Jahrzehnte dauernden Ausgrabungen gefunden wurden. Geholfen haben hervorragende ausländische Wissenschaftler, wie das Beispiel Adamesteanu zeigt. Vom achten Jahrhundert vor Christus bis zum Beginn der römischen Ära war dieser Teil Lukaniens also eines der Zentren der Zivilisation gewesen. Aber eine Schlacht, der Welt bekanntgeworden als «Pyrrhus-Sieg», zeigte das Ende an. Es lief gerade das Jahr 280 vor Christus, als auf den Hügeln von Herakleia die Römer vom König des Epirus, der Tarent zu Hilfe geeilt war, besiegt wurden. «Um den Angriff der römischen Legionen zu beenden, wird die Elefantentruppe in die Schlacht geschickt. Eine für Krieger und Pferde unbekannte Angriffsformation», schrieb Giacomo Racioppi. Aber Pyrrhus, Sieger in Herakleia, verlor schließlich doch den Krieg gegen Rom. Und die Geschichte vergaß dann über Jahrhunderte hinweg die *Magna Grecia*.

Der Krimi um Eipeios Es gibt einen Krimi in der Geschichte der *Magna Grecia*, der heute noch die Archäologen fesselt und trennt: Epeios. In der Tat fragen sich viele: «Wo ist Epeios begraben?» Er war nichts, nur der arme Schreiner, der das Holzpferd

14

baute, mit dem die Griechen Troja eroberten. Ein Handwerksmeister, der zum Gott wurde. Wie war das möglich gewesen? Epeios wurde auch, wie viele andere Mykener, nach seiner Rückkehr in der Heimat verachtet und fast fortgejagt. Wer erwartete ihn denn schon nach neun langen Kriegsjahren? Er bestieg sein Boot, steuerte Richtung Westen und begab sich ins Ungewisse. Die späteren Chroniken (achtes bis siebtes Jahrhundert vor Christus) erzählen von zerlumpten Menschen, verhungert, arm, die an der süditalienischen Küste an Land gingen. Fast eine «albanische Sage» in der Morgendämmerung der Welt. Epeios und seine Mitstreiter wurden in den Zelten der Hirten im Süden beherbergt. Dort lebten sie friedlich, aber in untergeordneter Rolle. Sie brachten allerdings den Einheimischen bei, Werkzeuge für die Holzverarbeitung zu benutzen, Holz gab es reichlich in den Wäldern an den Flüssen und an Küsten. Niemand jedoch nahm zu dem Zeitpunkt ernsthaft ihre Anwesenheit zur Kenntnis. Dies geschah erst drei Jahrhunderte später (sechstes Jahrhundert vor Christus) als an den Küsten der Adria, des Ionischen und des Tyrrhenischen Meers die starken, kriegslüsternen und eroberungsbereiten Achäer an Land gingen. Unweigerlich kam es zu Auseinandersetzungen mit den einheimischen Önotriern. Sie versuchten eine Aktion von «politischer Propaganda» in Gang zu setzen, so wie es auch in der heutigen Zeit im Konfliktfall geschieht. Was verband nun die Önotrier und die Griechen? Hat es nicht möglicherweise einen gemeinsamen Vorfahren gegeben? Und siehe da, Epeios verwandelte sich in einen Gott. Der ärmliche Erbauer des trojanischen Pferdes wurde zu einer Art Gottheit, die in der Lage war, Eroberer und Eroberte zu «vereinen». Viele Gräber mit Äxten, Sägen, Meißeln, Ausrüstungsgegenständen tauchten auf. Zahlreich waren die Tempel, in denen sich solche Werkzeuge auf den Altären befanden. Aber wo hat denn nun Epeios gelebt, und wo wurde er begraben? Die Wissenschaftler streiten sich. In Nocara in der Provinz Cosenza gibt es ein Museum, welches nach ihm benannt wurde. In Valsini weisen die Leute auf das antike Lagaria hin, eine von ihm gegründete Stadt. In Scanzano Ionico behaupten sie, daß Termitito der Ort ist, wo die Mykener an Land gingen. Derartige Geschichten hört man in der Basilicata und in Kalabrien. Der Krimi bleibt ohne Finale. Vielleicht hat der Archäologe Antonio de Siena recht, wenn er sagt, daß es schwer sei, das Problem zu lösen. Epeios, mittlerweile ein Mythos geworden, wurde in jeder Ecke der *Magna Grecia* gefeiert. Seine Spuren findet man überall. Epeios also, wie Friedrich von Schwaben, unter den Vorfahren der Basilicata? Warum nicht? Die Vergangenheit ist auch Legende, abgesehen von dem, was die Historiker sagen.

Lukanien oder Basilicata? Tatsächlich, diese kleine Region des Südens, wenig (noch) bekannt im übrigen Europa, hat sogar zwei Namen: Lukanien und Basilicata. Oft ist so etwas von Nachteil, denn die Menschen haben Mühe damit, sich daran zu gewöhnen, daß beide das Gleiche bedeuten. Und heute werden beide nebeneinander verwendet. Sie haben allerdings unterschiedliche Herkunft und Bedeutung und wurden in verschiedenen Epochen unterschiedlich verstanden. Das antike Lukanien z.B. entspricht geographisch nicht dem heutigen. Es schloß auch einen Teil des Gebiets ein, das Vallo di Dano, das sich heute innerhalb der Grenzen Kampaniens befindet. Und Lukanien, eindeutig von dem Volk abgeleitet, das es bewohnt hatte, ist der offizielle Name bis zum Jahr 1130 gewesen. Unter der normannischen Herrschaft unter Rüdiger II. wurde der Region der byzantinisch geprägte Name Basilicata gegeben. Wissenschaftlich ausgedrückt bedeutet dies: ein «Territorium, welches von einem *Basilicos* (kaiserlichen Beamten) regiert wird.» Seit damals sind die Begriffe Lukanien und Basilicata gleichwertig. Und wer dieses Land liebt, muß sich beide Namen gut merken. Klar?

Finstere Zeiten beginnen Nach dem Tode Friedrichs II. erlebte die Region die Schicksale der Geschichte, aber sehr selten wurde sie zum zentralen Punkt. Die Region wurde Teil des Königreichs Neapel unter der Herrschaft des Hauses Anjou. Karl von Anjou besiegte Manfred, den leiblichen Sohn Friedrichs, und tötete Konradin, den letzten Nachkommen des Schwabenhauses. Potenza und die Burgen der Valle di Vitalba, wo die Revolte gegen das Haus Anjou begonnen hatte, erlebten eine gewalttätige Gegenwehr des Herrschers. In dieser dunklen Epoche verschlimmerten sich die Bedingungen in der Region. Die ionische Ebene und die Flußtäler wurden wegen Sumpf und Malaria verlassen, und die Bevölke-

rungszahl ging in erschreckender Weise zurück. Ganze Städte und uralte Bischofssitze verschwanden von der Bildfläche. Städte wie Anglona und Montemilone verkamen zu kleinen Ortschaften und Gehöften. Zwischen dem vierzehnten und dem sechzehnten Jahrhundert wurden zahlreiche Zentren ausgelöscht. Seuchen, Erdbeben und Kriege trugen zur Verschlechterung der Lebenslage der Bevölkerung bei, die, nach Berechnungen von Gaudioso, im Jahre 1736 knapp zweihundertfünfzigtausend Einwohner überstieg.

Die Bourbonen Nach den Anjous kamen die Spanier und die Franzosen. Sie werden ihre Vorherrschaft bis zum Jahre 1734 aufrecht erhalten, als Karl III. von Bourbon den Thron des Königreichs Neapel bestieg. Die Bourbonen werden ihre Machtstellung, abgesehen von der napoleonischen Zeit, bis zur Einheit Italiens halten. Die wirtschaftlichen Bedingungen werden allerdings weiterhin kritisch bleiben. Die Bauern lebten im Elend. Die Basilicata wird in keiner Weise die Revolution des modernen Zeitalters erleben. Hier wird sich nie Industrie ansiedeln. Nur Großgrundbesitz gab es, der von den *Baroni* in unergiebiger Weise bewirtschaftet wurde. Aufgrund dieser Bedingungen erfolgten die großen Auswanderungswellen, zunächst nach Nord- und Südamerika, danach nach Nordeuropa.

Das Brigantenwesen Die Einheit Italiens brachte nach der ersten Begeisterung das Brigantenwesen hervor. In der Basilicata konnte man, wie auch in anderen Regionen des Südens, dieses ty-

17

Brigant

pisch südländische Phänomen erleben, meisterlich von Tomasi da Lampedusa in seinem Roman «Der Leopard» beschrieben und darin als «Verwandlung» bezeichnet. Die alten Bourbonen, d.h. die Besitzer der Macht und des Grundeigentums, wurden plötzlich liberal. Dadurch gelang es ihnen, Macht und Besitz aufrechtzuerhalten. Die Bauern gingen an Hunger zu Grunde. In den Dörfern des Vulture, in Potenza, Matera und in der übrigen Region begannen solche Persönlichkeiten wie Nino Nanco und Carmine Crocco legendär zu werden. Das Brigantenwesen hielt das italienische Königreich von 1861 bis 1865 in Schach. Aus der Sicht der früheren Historiker handelte es sich dabei um eine ausschließliche Erscheinungsform von Räuberunwesen. Aber tatsächlich war es die erste wahrhaftige Widerstandsbewegung der Unterschichten der Bevölkerung (neunzig Prozent der Bevölkerung waren Analphabeten) gegen die neu-alte, durch die «Piemonteser» errichtete Macht. Für die lukanischen Landarbeiter nämlich unterschied sich der neue Staat von dem alten nur durch die höheren Steuern und die eingeführte Wehrdienstpflicht. Die Unterdrückung war grausam. Hundertzwanzigtausend Ordnungskräfte wurden in den Süden beordert, um den Aufstand zu unterdrücken und die Banden der *Briganti* auszuschalten.

Heute gehört das Brigantentum auch zu den touristischen Attraktionen. Es sind sogar im Forst von Grancia di Brindisi di Montagna sommerliche Freilichtaufführungen organisiert, mit Hunderten von Schauspielern und Statisten. Es handelt sich dabei um künstlerische Gedenkaufführungen, die jene historische Epoche ehren, in der die Lukaner das Gewehr schulterten um zu sterben, aber nicht aus Hunger, sondern im Kampf, tödlich getroffen von denjenigen, von denen sie wirtschaftliche und soziale Gerechtigkeit erwartet hatten.

Sind Briganten mit Mafia und Camorra vergleichbar?

Nein. Es verbietet sich jegliche Parallele zwischen dem Phänomen des lukanischen Brigantentums, der sizilianischen Mafia und der neapoletanischen Camorra.

Das erste, in Roman-
form von Raffaele Nigro
in seinem «Feuer des Ba-
sento», 1987, beschrieben,
ist «der Traum, gefährlich,
aber würdig bis hin zum
Tod in einer Bauernrepu-
blik gelebt zu haben», um
es mit Oreste del Buono
auszudrücken. Übrigens
hat es auch keinen verbre-
cherischen oder kriminel-

Brigant

len Zusammenhang gegeben. Noch heute wird deshalb die Basilicata als eine glückliche Insel im *Mezzogiorno* Italiens gesehen.
Wenn einige Reiseführer sie nicht erwähnen, so geschieht es nicht
aus Angst gegenüber diesem Mythos, sondern ausschließlich deshalb, weil sie ihre ganze Aufmerksamkeit auf die großen Städte des
Südens lenken, ohne die Besonderheit eines kleinen, aber herrli-
chen Fleckens Land zu erwähnen, den es aber gerade deswegen zu
erforschen und zu entdecken gilt. Eine Region für neugierige Besucher, die die vorgezeichneten Pfade verlassen, um sich auf unbe-
kanntes Terrain zu begeben. Das Brigantenwesen hat, jedenfalls bis
vor wenigen Jahren, ein Erbe hinterlassen, eine Art ablehnender
Haltung dem Staat gegenüber. Wenn z.B. ein Fahrzeug der Polizei,
der städtischen Ordnungskräfte oder der Carabinieri vor dem
Haus eines Bauern hält, um ein ganz normales Schriftstück zu
überbringen, so ruft es ein Gefühl von Angst und Scham hervor.
Mit den Ordnungskräften wollen die Lukaner als ehrliche Menschen, die die Gesetze achten, nichts zu tun haben!

**Mamma, gib mir hundert Lire, denn nach Amerika will
ich fahr'n** Das ist der Refrain eines berühmten Liedes, in dem die
erste große Auswanderungswelle, die von der Region ausging, beschrieben wird. Das «gelobte Land» war für riesige Massen von
entrechteten Landarbeitern Amerika, nicht nur die Vereinigten
Staaten, sondern auch Südamerika, vor allem Argentinien. Die Historiker haben ausgerechnet, daß die höchste Auswanderungsquo-

te mit nahezu neunhunderttausend im Jahre 1913 erreicht wurde. Im Jahr 1914 betrug die Anzahl der Italiener, die im Ausland arbeiteten, sechs Millionen, bei einer Gesamtbevölkerung von fünfunddreißig Millionen. Von diesen Auswanderern stammten viele aus der Basilicata. Etliche davon sollten nicht mehr zurückkommen, da sie sich in der neuen Heimat niederließen. Einige davon waren erfolgreich in der Wirtschaft, im Handwerk, in der Politik. Heute, wo die Krise solche Nationen wie Argentinien getroffen hat, vergißt man hier nicht, daß Millionen Argentinier italienischer Abstammung sind. Zahlreich sind die Solidaritätsinitiativen, die von Einrichtungen und Privatpersonen ausgehen, um den Landsleuten zu helfen. Sehr aktiv ist übrigens eine Abteilung der Regionalverwaltung, die vor allem dafür geschaffen wurde, den Lukanern im Ausland zu helfen und ihnen beizustehen. Man rechnet, daß weitere fünfhunderttausend Lukaner in allen fünf Kontinenten leben. Das entspricht der jetzigen Einwohnerzahl Lukaniens. Es bestehen, über die ganze Welt verstreut, mehr als einhundertzehn aktive lukanische Vereine. Diese Vereine halten in den jeweiligen Ländern, in die Großväter und Väter ausgewandert sind, Gebräuche, Traditionen und Sitten der Dörfer, aus denen sie stammen, aufrecht.

Deswegen sagt man auch, daß es zwei Basilicate gibt: die eine zwischen Apulien und Kampanien, die andere verstreut in Europa, Nord- und Südamerika und Ozeanien.

Rosas Geschichte Rosa Pastore war sechs Jahre alt, als sie im Jahre 1926 Rotondella verließ, um ihren Eltern nach Argentinien zu folgen. Sie hat ihr ganzes Leben in Echevarria, fünfhundert Kilometer von Buenos Aires entfernt, gelebt. Einen Mann hat sie gehabt, Kinder hat sie bekommen, aber immer einen geheimen Traum für sich behalten, den nämlich, in ihr altes Dorf zurückzukehren. Nach dem Tod ihres Mannes hat sie all ihre Ersparnisse zusammengekratzt, um sich ins Flugzeug zu setzen, natürlich ganz allein, und in Fiumicino zu landen. Danach ist sie in den Bus gestiegen, der sie bis nach Rotondella brachte. Es war im Oktober des Jahres 1992. Nach sechsundsechzig Jahren rückte ihr Traum, den sie schon ein Leben mit sich trug, immer näher. Ihre Vettern empfingen sie mit allem Drum und Dran, so wie man nur eine Ver-

wandte, die aus der Ferne
zurückkommt, empfan-
gen kann. Feste, Ehrun-
gen, Geschenke. Alles für
diese zweiundsiebzig Jahre
alte Frau, mit krummem
Rücken, noch wunderbar
klar in ihren Erinnerun-
gen, sogar fähig, den Oze-
an zu überqueren, um vor
der dem Heiligen Antoni-
us gewidmeten Kirche im
Klosterviertel zu weinen.

Rotondella, 1889

Welche Freude für Rosa zu sehen, in welchem Wohlstand ihre Leute nun lebten. Wie betroffen sie aber war, Rotondella so verändert
und so unbewohnt im Verhältnis zu damals, zur Zeit ihrer Abreise,
zu sehen. «Hier», so antwortete sie einem Journalisten, der sie be-
fragte, «ist alles anders als früher. Es gab nicht die neue Straße, niemand hatte fließendes Wasser im Haus, keinen elektrischen Strom.
Jetzt geht's allen gut … Und darüber bin ich wirklich froh.» Rosa
blieb drei Monate in Italien. Als sie von Bari aus zurückflog, zog sie
zwei Koffer hinter sich her, die größer waren als sie selbst. Wer immer sie begleitete, bat beim Abschied einen anderen Passagier, ihr
beizustehen. Rosa lebt noch in Echevarria, und nach zehn Jahren
gibt es eine neue Meldung. Sie hatte halbgeschlossene Augen und
einen erhabenen Ausdruck, als sie folgendes erklärte: «Mein größ-
ter Wunsch ist es, für immer zurückzukommen.»

Christus kam nur bis Eboli Nicht nur die Auswanderer haben
die Probleme der Basilicata in die Welt getragen, sondern vielmehr
ein Buch, welches von Carlo Levi, einem Antifaschisten, Arzt und
Maler, der vom damaligen Regime nach Aliano in die Provinz Matera in die Verbannung geschickt worden war, in Druck gegeben
wurde. Er beschrieb die Lebensbedingungen der Bauern, der Tagelöhner, ihrer Kinder. Er beschrieb das soziale Umfeld, die Entbehrungen, das Elend, den Hunger, die Krankheiten. «Viele Jahre
sind vergangen», so beginnt das mit großem Erfolg im Jahre 1945

Carlo Levi in Aliano, 1936

erschienene Buch, «Jahre voller Kriege, in denen sogenannte Geschichte gemacht wurde. Vom Zufall hin- und hergetrieben, habe ich das beim Abschied gegebene Versprechen, zu meinen Bauern zurückzukehren, bis jetzt nicht halten können; wer weiß, ob es überhaupt dazu kommen wird. Aber hier in meinem Zimmer, in meiner in sich abgeschlossenen Welt, lege ich gern in der Erinnerung den Weg wieder zurück in jene andere, in Schmerz und Brauchtum verstrickte, unendlich geduldige Welt, die abseits von Geschichte und Staat liegt, in dieses herbe, trostlose Land, wo der Bauer in Elend und Verlassenheit auf karger Scholle im Angesicht des Todes seiner starren Sitte lebt.» «Wir sind keine Christen», sagen sie, «Christus kam nur bis Eboli». Und Christ bedeutete für sie Mensch. Die Bauern von Aliano also, aber auch die in Rotondella, Rionero, Lagonegro betrachteten sich damals nicht als Menschen wie jene dort drüben, über Eboli hinaus, sondern als Tiere, als minderwertige Wesen. Ein Minderwertigkeitsgefühl, welches erst heute überwunden zu sein scheint.

Die Nachkriegszeit: Die neue Auswanderung In der Nachkriegszeit, so gegen Ende der fünfziger und Beginn der sechziger Jahre, nahm eine neue, sehr starke Auswanderungswelle ihren Lauf. Dieses Mal begaben sich die vom Land kommenden Massen mit dem klassischen Pappkoffer in das italienische Industriedreieck, in die Schweiz, nach Frankreich, in die Niederlande, nach Belgien, aber auch nach Westdeutschland, das mit der Ära Adenauer sein «Wirtschafts-Wunder» erlebte. Und hier kommen wir zum zweiten Bezugspunkt zwischen Deutschen und Lukanern: die Auswanderung. Wie viele sind es, die Auswanderer in Deutschland, die aus der Basilicata stammen? Einige Zehntausend. Hierzulande sind Städte wie Köln, München, Stuttgart, Frankfurt, Berlin sehr vertraut. Warum also nicht diesen Flecken Erde besuchen, aus dem so viele Hände zum Wohlstand der Deutschen beigetragen haben? Warum nicht die Einladung jener Lukaner annehmen, die wegen ihrer Unternehmungslust und ihrer Fähigkeiten Botschafter der Basilicata in Deutschland geworden sind?

Der Boden den Bauern. Und das Metapontino verwandelt sich in Kalifornien Die Nachkriegszeit wurde aber auch durch die Agrarreform geprägt. In den Jahren 1947 bis 1950 besetzten Landarbeiter die Böden der Großgrundbesitzer. Diese waren Nachkommen der *Baroni* aus bourbonischer Zeit, wie in fast allen südlichen Regionen Italiens, auch in der Basilicata. Nach der Parole «Der Boden in Bauernhand» besetzten bis zu Zehntausende, Männer mit gestopften Hosen und kaputten Schuhen, Frauen mit Kopftüchern und langen Röcken und den Kindern auf dem Arm, den Boden. Ob er unbebaut war oder voller Getreide, überall pflanzten sie ihre roten Fahnen. Die Bauernbefreiung begann, leider, mit den Toten von Melissa und Montescaglioso, wo einige Demonstranten unter den Bleikugeln der Polizei starben. Viele Künstler haben sich mit jener aufregenden Zeit von Kämpfen und sozialem Engagement beschäftigt. Um allen gerecht zu werden, zitieren wir Scotellaro mit einem Vers seines «Es wurde Tag»: «Es ist Tag geworden, auch wir sind auf der Bildfläche erschienen, mit unseren Lumpen und Schuhen und den Gesichtern, die wir trugen.» Am 21. Oktober im Jahr 1950 wurde das Gesetz zur Agrarreform Wirklichkeit. Tausende Hektar Boden wurden den alten Besitzern enteignet und den Bauern überschrieben. Alleine in der Gemeinde Montalbano (damals gehörten auch die Ortsteile Policoro und Scanzano dazu, später wurden sie selbständige Gemeinden) wurden zwölftausendneunhundertsiebzig Hektar enteignet. Aufgeteilt in Tausende von Höfen von höchstens sechs Hektar, wurden sie den Landarbeitern, den armen Bauern, den Halbpächtern, Handwerkern, die vor allem aus dem Hinterland der Region kamen, aber auch aus Apulien, Kalabrien und Kampanien, überschrieben. Damals geschah etwas, an dem die Ökonomen und Ethnologen heute noch forschen. Diese ehemaligen Lohnabhängigen, zu Kleinbauern geworden, fast mittellos und ohne Gerätschaften hierher-

Scanzano Ionico

gekommen, verwandelten dieses malariaverseuchte, dahinsiechen-
de, abgelegene Gebiet in das «Kalifornien des Südens». Dieses Gebiet, wo sich der ineffiziente Großgrundbesitz befand, entwickelte
sich nach wenigen Jahrzehnten zu einem der stärksten Obst- und
Gemüseanbaugebiete der gesamten Welt. Ein wahrhaftiges Bauern-
epos, was an das amerikanische *Far West* erinnern läßt: verschiedene Sprachen, Gebräuche und Sitten, gezwungen, gemeinsam in
den neuen urbanen Verhältnissen und auf dem Lande in den Kü-
stenebenen zu leben, aber ohne Gemetzel und Indianerreservate.
Es entstanden neue Dörfer, bis 1945 waren sie kaum sichtbar,
höchstens als kleinste Anwesen um die Herrschaftshäuser der *Baroni* gebaut, bei Policoro, Scanzano Ionico, Nova Siri Marina, Marconia. Der Volksmund faßt das, was geschehen ist, in zwei Leit-
sprüchen zusammen. Der erste: «Policoro, wer dorthinkommt,
stirbt dort auch.» Bis 1945 der Malaria wegen, danach aber, weil
man sich in diese Erde, wo der Schweiß der Bauern das Land zu
neuem Leben erweckt hatte, verliebt hat. Der zweite: «Hier sind die
Vereinigten Staaten von Amerika». Wegen der verschiedenen
Volksgruppen, die sich hier niedergelassen haben, und wegen der
mitunter auch chaotischen Entwicklung, die die Agrarreform mit
sich gebracht hat.

Die Basilicata, ein Land zum Verlieben Für alle nun drei Beispiele, wie die Liebe zu dieser Erde bei denen entfacht wird, die sie
kennenlernen und erleben. Beispiel eins: Carlo Levi. Er hat das den

24

Bauern gegebene Versprechen zutiefst gehalten. Er hat nämlich den Wunsch geäußert, daß sein Körper dort auf dem kleinen Friedhof von Aliano ruhen soll. Ewige Liebe zwischen dem Kantor der «Bauernwelt» und den Orten, in die er vom Faschismus verbannt worden war. Levi ist zurecht als einer der Väter der modernen Basilicata betrachtet worden. Beispiel zwei: Dinu Adamesteanu. Der große Archäologe, einer der wichtigsten Fachleute der Flächenphotogrammetrie. Noch mit neunundachtzig Jahren lebt er auf der Collina di Madonnella. Dieser Hügel beherrscht die Valle dell' Agri, das Tal, in dem Phyrrus Rom besiegte. Nach seinem Tod wird er nicht nach Rumänien zurückkehren, denn er will in Policoro begraben werden, der neuen Stadt, die an der Stelle entstanden ist, wo die Griechen Herakleia gründeten. Und auch Adamesteanu wird als einer der Väter der modernen Basilicata betrachtet. Beispiel drei: Mario Marconato. Aus dem Veneto stammend, aus dem Ort Camposampiero (Padua), dort wurde er 1941 geboren, ist er ein Maler und ein wahrhaftiger Dichter gewesen. In die Basilicata ist er 1977 gekommen und hat sie nicht mehr verlassen, auch nach seinem Tod nicht. Die Furchen der Valle dell'Agri, dem Agri-Tal, wurden Motive seiner Gemälde, und ganz Lukanien findet sich in seinen Gedichten wieder. Wer ihn in Marconia di Pisticci kannte und schätzte, hat ihm in der eigenen Erinnerung ein Denkmal gesetzt. Ein Piemonteser also, ein Rumäne und ein Venezianer zählen zu den größten Liebhabern dieses Landstrichs. Beispiele für seine Einwohner. Antrieb zum Besuch für diejenigen, die ihn noch nicht kennen.

Unsere Tage Was ist denn heute die Basilicata? Das ist eine schwer zu beantwortende Frage, selbst für die Fachleute von Wirtschaft, Sozialwissenschaft und Kultur. Einige Daten sind bestimmt positiv. Die Regionalverwaltung hat zahlreiche Lobe von der Europäischen Gemeinschaft erhalten, denn sie hat ihre Fähigkeit zur richtigen Verwendung der Subventionen in ihren Entwicklungsplanungen bewiesen. Die Industrialisierung hat einen entscheidenden Schub bekommen, besonders durch den Zuzug von «Fiat» nach Melfi, auch wenn sich der Kraftfahrzeugsektor zur Zeit in einer Krise befindet. Matera ist zum internationalen Drehpunkt der

Produktion von Wohnzimmereinrichtungen geworden. Es leiden dagegen das Basento-Tal, dort wurden Metangasvorkommen entdeckt, und die Industriezonen, die in der Folgezeit nach dem Erdbeben entstanden sind.

Eine Steigerung, zumindest was die Zahl der Beschäftigten betrifft, ist aus der Val d'Agri zu vermelden, dort wurde das bedeutendste Erdölvorkommen Europas entdeckt. Das Erdöl, mittels einer langen Pipeline gefördert, wird in den Raffinerien in Tarent (Apulien) verarbeitet. Die Landwirtschaft ist aus diesen Gründen nach wie vor wichtigster Faktor der Wirtschaft. Wiederholte Naturplagen haben aber deren Wachstum behindert. Dessen ungeachtet allerdings landet das Obst- und Frühgemüse aus dem Metapontino, von vielen als das Kalifornien Europas bezeichnet, in allen Läden und Supermärkten des Kontinents, und Deutschland gehört zu den bevorzugten Verbraucherländern. Erdbeeren, Pfirsiche, Aprikosen, Nektarinen, Tafeltrauben, Zitrusfrüchte und Gemüse haben hier ihre italienweit wichtigste Produktionsstätte. Im Lavella-Bezirk ist die Tomate Königin, während man im Volture-Gebiet den einzigen Doc-Wein (Denominazione di Origine Controllata), den Aglianico, produziert. In anderen Gebieten dagegen hält sich mühselig die Viehzucht, gerade nach den Wirbelstürmen des «Rinderwahnsinns» und der Maul- und Klauenseuche. Berühmt sind die Käsesorten aus Moliterno und Filiano und die Wurstwaren, die mehr oder weniger überall hergestellt werden. Matera dagegen ist eine der wichtigsten Kornkammern und somit auch Zentrum der Brotproduktion. Olivenöl der Qualität «Extravergine» wird in den Gebieten um Ferrandina und in der ganzen weiteren Region hergestellt.

Aber gar übermächtig tritt jetzt der Tourismus auf den Plan. Die größten nationalen und internationalen Tourismusunternehmen haben bereits Pläne zum Ausbau vorbereitet, hauptsächlich im Metapontino, das bereits eine Kapazität von neuntausendfünfhundert Betten aufzuweisen hat. Weitere fünfzehntausend sind im Bau. Außer den Touristendörfern gibt es Hunderte von «Ferien auf dem Bauernhof»-Adressen, die über die gesamte Region verstreut sind. Auch das «Bed and Breakfast» setzt sich langsam durch. Gut ist die Ausstattung in den Hotels, und, in den Küstengegenden, die der

Produkte aus der Basilicata

Campingplätze. Und so beginnen Italiener und Ausländer die Basilicata als Urlaubsziel zu entdecken.

Trotz all dieser Fortschritte auf wirtschaftlichem Gebiet gibt es an die fünfundneunzig Dörfer, die Gefahr laufen, verlassen zu werden, denn ein neues Auswanderungsphänomen in Richtung Norditalien ist festzustellen. Und wie immer sind es die jungen Leute, die wegziehen. Dadurch verringert sich die vor einigen Jahren ermittelte Einwohnerzahl von etwa sechshundertzehntausend, aber vor allem läßt es den Anteil von älteren Menschen zunehmen, den prozentual höchsten Süditaliens. Beachtlich sind schließlich auch die Einkommensunterschiede zwischen den Gebirgsgegenden im Hinterland und den bedeutenderen Zentren in der Ebene. Somit führt diese Tatsache zur weiteren Auswanderung aus dem Hinterland, d.h. das Ungleichgewicht zwischen Landesinnerem und der Küstenebene wird stärker.

Die Umwelt Die nahezu unbelastete Umwelt gehört zu den wichtigsten touristischen Anziehungspunkten. Die Strände der Region gehören zu den saubersten Italiens, und das Meer ist wirklich azurblau. Die Badeorte an der tyrrhenischen Küste von Maratea sowie die an der ionischen Küste des Metapontino wetteifern alljährlich um die «Blauen Flaggen», das Kennzeichen der Europäischen Union für die Orte, in der die Natur besonders geachtet wird. Die Sonne scheint von März bis Oktober, erfreut also auch die Urlauber, die außerhalb der klassischen Ferienzeit (Juli bis August) kommen.

Dolomiti Lucane

Die Region besteht aber nicht nur aus Badestränden. Es gibt auch reichlich Berge. Der Nationalpark des Pollino mit seinen Gipfeln ist Ziel für die Bergliebhaber, im Sommer wie im Winter. Nach wie vor lebt dort der Wolf, der Falke, der Fischotter und der Schwarzspecht. Die große Besonderheit des Parks ist ein Baum, ein gepanzerter Pinienbaum, den man nur im dortigen Revier findet. Es handelt sich um einen Jahrhunderte alten Pinienbaum, der sich durch die Windstürme um sich selbst geschlungen hat. Der Stamm ist mit einer grau-silbernen Schuppenrinde bedeckt, ähnlich dem Harnisch der alten griechischen Krieger, danach wurde auch der Baum benannt. Skipisten sind auf dem Sirino, im Sellata-Gebirge, in Viggiano und anderen Orten eröffnet worden. Charakteristisch sind auch die Seen von Monticchio, eingebettet im Krater eines frühzeitlichen Vulkans samt der Abtei von San Michele, die auf diese Seen zeigt. Was soll man erst über die «Piccole Dolomiti Lucane» sagen? Es handelt sich dabei um Sandsteinformationen mit derart außergewöhnlichen Wölbungen und Zuspitzungen, die wie schroffe und seltsam in die Gegend gezeichnete Landschaften wirken. Dort hat man Dörfer wie Castelmezzano und Pietrapertosa gebaut. Zum Schluß die Wälder, die einstmals ein Großteil des Territoriums bedeckten (nahezu dreißig Prozent). Zu nennen wäre der Bosco Pantano, Pantano-Forst, an der Flußmündung des Sinni, ein seltenes Beispiel für in ganz Italien noch vorhandenen Feuchtwald, und, direkt im Zentrum der Region gelegen, die Foresta di Gallipoli Cognato, auch wegen der Lage «grünes Herz» genannt.

Wenn aber die Umwelt zu den wichtigsten touristischen Anziehungspunkten gehört, dann ist es auch hier notwendig, diese vor Angriffen derjenigen zu schützen, die sie bedrohen. So diskutiert man viel über die negativen Auswirkungen der Dutzend Erdölförderbrunnen im Naturpark der Val d' Agri, und über die Auswirkungen von weiteren touristischen Megadörfern samt Hotelanlagen an der ionischen Küste. Die Lukaner sollten wirklich die ungeheuerliche Bedeutung der Felder mit roten Mohn und mit lila Disteln begreifen, die sich entlang der verschlungenen Straßen im Landesinneren ziehen oder, bevor es zu spät ist, die der Tamariskenwurzeln, die in den klaren Gewässern des Ionischen Meers gefischt werden.

Die historischen Zentren sind wirkliche Sehenswürdigkeiten. Jede kleine Gemeinde hat ihren antiken Ortskern, leider ist dieser zu oft verlassen oder verfallen. Deshalb würde es zu weit führen alle zu nennen. Jeder Ortskern hat dann aber auch seine Besonderheit. Kirchen, Gehöfte, Häuser von Adligen, Plätze vermischen sich mit den Behausungen der Bauern. Oftmals beherrschen Burgen vom Berg herab das Dorf. Es ist Sache des aufmerksamen Besuchers, der keine Eile hat, durch die kleinen Gassen zu spazieren, die Gegend auszukundschaften, die zur Straße geöffneten Holztore zu entdecken. Bei dieser Gelegenheit besteht auch die gern wahrgenommene Möglichkeit, mit den vorm Haus sitzenden Alten einen kleinen Schwatz zu halten. Man erfährt hier ungewöhnliche Begegnungen und Berührungen.

Der menschliche Faktor Die Lukaner, kriegerisch und kriegslüstern, haben sich im Laufe der Jahrhunderte in gastfreundliche und weltoffene Menschen verwandelt. Vielleicht haben zu dieser Verwandlung die zahlreich erlebten Fremdbeherrschungen (und Durchmischungen), die Auswanderungswellen und die Rückkehr in die Heimat, sowie auch die Einwanderungen ins Land (man denke nur an die Verwurzelung der albanischen Bevölkerung in einigen Gemeinden) beigetragen. Es ist eine Tatsache, daß sich heute, vielleicht auch durch das Internet bedingt, ein Schub bemerkbar macht, hier zu bleiben. Nicht nur Umwelt und urbane Faktoren zu betrachten, sondern auch die eigene Geschichte und eigenen Traditionen. Nur in solchen Zusammenhängen denkend ist es möglich, Sitten und Gebräuche zu erhalten, die sonst verlorengehen würden. Heute haben die Lukaner begriffen, daß sie mit dem Rest der Welt in einen Dialog eintreten müssen. Und sie müssen als erste

Der Glaube ist allgegenwärtig

diesen Dialog aufnehmen und ihre Natürlichkeit und Ursprünglichkeit zeigen. Der Fremdenverkehr besteht nicht aus eiskalter Berechnung und technischen Raffinessen, sondern aus Gastfreundschaft und menschlicher Beziehung.

Das Handwerk Auf diesem Sektor sind bereits Erzeugnisse aus Holz und anderen Naturmaterialien (Stein und Ton) entwickelt worden. In vielen kleinen Dörfern trifft man noch Handwerker, die Körbe flechten, Küchengeräte, Behälter, Tabletts, Krüge, Sparbüchsen herstellen. In letzter Zeit entdeckt man immer mehr Frauen, die am Webstuhl arbeiten, um Stoffe und Teppiche herzustellen, Frauen, die Bettwäsche und Tagesdecken besticken. In Matera wirken einige bekannte Pappmaché-Künstler; diese sind seit Jahren auch dabei, wenn zum Fest der Umzugswagen der «Carro della Bruna» gestaltet werden muß.

Die Volksfeste Die Volksfeste sind eine Besonderheit der Basilicata. Einige davon werden in der ganzen Welt wegen ihrer Beispielhaftigkeit und Originalität bestaunt. Als besonders charakteristisch erwähnen wir das Maifest in Accettura (am Pfingstsonntag, -montag und -dienstag) mit der Baumhochzeit, das Fest der Bruna in Matera am 2. Juli, das Fest des Heiligen Antonius von Padua in Rotonda am 13. Juni, die Karfreitagsprozession in Barile. Es handelt sich dabei um religiöse Heimsuchungsfeste, die ihren Ursprung in heidnischen und sich daran anschließenden Epochen haben. Aus

solchen Vermischungen entsteht das Charakteristische dieser Volksfeste. Feste, zu denen man auch die ausgesprochen religiösen Feierlichkeiten zählen muß, Ehrungen der Schutzheiligen wie z.B. das
Fest in Viggiano am ersten Sonntag im September. Dieses Fest ist
der Schwarzen Madonna, der Schutzheiligen der Basilicata gewidmet. Und so sind unter den Hunderten von Festen besonders her-
vorzuheben das Fest von San Rocco in Tolve am 16. September, von
San Bernardino da Siena in Bernalda am dritten Augustsonntag,
von San Maurizio in Montalbano am 22. September.

Es sind aber die kulinarischen Angebote, die auffallen bei den
Heiligenfesten: angefangen beim Fisch in den Orten in Meeres-
nähe, bis hin zu den Käsesorten, den Wurstwaren und den Kastanien anderswo. Beim Karneval gerät dann alles aus den Fugen. Oh-
renbetäubende Viehglockenklänge und dumpfe Geräusche der
Cupa-Cupa machen sich breit. In der Weihnachtszeit beherrschen
dann Dudelsackspieler aus dem Pollino das Bild.

Die Spezialitäten Nun gelangen wir ins Reich der kulinarischen
Versuchung. Hausgemachte *Pasta*, festgebackenes Brot aus dem
Holzofen, Hülsenfrüchte, Frischkäse, Kräuter, Gemüse, Obst, Olivenöl, wenig Fleisch und Fisch, ein Glas Rotwein. Also, den Touristen wird der Mund wässrig gemacht. Es handelt sich übrigens um
eine bäuerliche «Schonkost», be-
währt in «finsteren» Hungerzeiten,
bei Brot, Zwiebel und einem hartge-
wordenen Stück Käse. Sobald die
wirtschaftlichen Bedingungen etwas
besser wurden, hat man auch sofort
daran gedacht, die Ernährung zu
verbessern. Und so knetet die Bäuerin den Teig für die *Pasta* (*Frizzul,
Ricchietedd, Lagan, Strascinat*) und
für das Brot, und sie kocht die Produkte, die der Boden hergibt wie
z.B. Hülsenfrüchte (berühmt sind die weißen Bohnen aus Sarconi). Vom Land stammen auch die Gemüsesorten (wer kennt nicht
die Peperoni aus Senise?), frisch oder eingemacht gegessen, und
das Obst. Und von den Viehzüchtern stammt die Milch für die

Milchprodukte und die Käsesorten. Auch Fleisch ist reichlich vorhanden, nicht nur Hähnchen und Hühner (samt ihren Eiern) und Kaninchen, sondern vor allem das Schwein. Nach wie vor hält sich in vielen Teilen der Region der «Mythos» von der Schweineschlachtung. Nichts darf von diesem armen Tier verloren gehen: weder Borsten noch Schlackwurst, Blut oder Fleisch. Alles wird nach einigen Tagen Arbeit zu Wurst, Pressack, geräuchertem Hals, Schinken und anderen Spezialitäten verarbeitet. Die Speisen werden natürlich mit dem Aglianico oder einem Sangiovese oder anderen Weinen, die sich in den verschiedenen «Gourmet-Börsen» einen Namen machen, begleitet. Und die «Spezialitäten des Hauses» werden den Gästen angeboten, die auf der Suche nach einheimischen Besonderheiten aus Küche und Keller sind.

Die Wiederentdeckung der Kultur In den kleinen Dörfern arbeitet man daran, alles wiederzuentdecken, was die Aufmerksamkeit der Besucher hervorrufen kann. In Aliano und in Valsinni z.B. hat man zwei «Literarische Parks» geschaffen, die Carlo Levi und Isabella Morra gewidmet sind. Über den ersten und seinen «Christus» haben wir schon berichtet. Die zweite dagegen, eine Dichterin aus dem sechzehnten Jahrhundert, ist von den eigenen Brüdern wegen eines Briefwechsels mit einem spanischen Adligen getötet worden. Zu jener Zeit galt eine Frau, die Briefe mit einem Mann wechselte, als Schande, was mit dem Blut bezahlt werden mußte. Deshalb ist Isabella eine Heldin für jene geworden, die sich für die Befreiung der Frau einsetzen. Deshalb sind ihre «Rime» in zahlreiche Sprachen übersetzt worden. Was sind nun die «Literarischen Parks»? Es sind Orte, die wieder hergestellt worden sind, wo die jeweiligen Schriftsteller und Dichter gelebt haben, die jetzt zu Spazierwegen ausgebaut werden, zu literarischen Veranstaltungsorten, zu Ausstellungsräumen, zu Orten für literarische Debatten und Ehrungen. In Montemurro z.B. versucht man die Gestalt von Leonardo Sinisgalli, Industrieingenieur, Kunstkritiker, Designer, Gründer der Zeitschrift «Civilté delle macchine», Autor von Dokumentarfilmen und Rundfunksendungen, aber vor allem Dichter, bekannter zu machen. Er wurde im Jahre 1908 in einer Gemeinde der Val d'Agri geboren, wo er auch seit 1981 begraben liegt. Er war eine bedeutende Gestalt des modernen Italiens, er hat die Möglichkeit des Zusammenwirkens von humanistischer Kultur und moderner Wissenschaft bewiesen, einer Einheit, die vor ihm abgelehnt wurde.

Die Routen können nach verschiedenen Kriterien ausgesucht werden. Entweder nach thematischen Gesichtspunkten, z.B. Kirchen, albanische Gemeinden, die Straße des Aglianico oder nach geographischen Schwerpunkten.

Die heiligen Routen sind besonders zum großen Jubiläum des Heiligen Jahres 2000 ausgebaut worden. In der Basilicata, von tiefem Katholizismus geprägt, wurden die wichtigsten Kathedralen, Heiligtümer und Klöster, die Felsenkirchen, die religiösen Orden katalogisiert. Zu den wichtigsten Orten gehören die Kathedral-Stadt Acerenza, die Kathedrale von Anglona, die Kathedralen von Matera, San Gerardo und Potenza. Danach wären zu nennen Picciano und San Michele sul Vulture, zum Schluß die Felsenkirchen der Murgia-Landschaft von Matera, die Klosteranlagen (wie die von Santa Maria di Orsoleto und Sant' Arcangelo) und die Nonnenklöster der Karmeliter und vom Heiligen Antonius von Padua in Tricarico.

Die albanischen Gemeinden befinden sich auf den südlichen Abhängen des Pollino und im Bezirk Volture. Auf dem Pollino befinden sich die Gemeinden San Paolo Albanese und San Costantino Albanese. Die Flüchtlinge kamen Ende des siebzehnten Jahrhunderts aus der Morea, geführt von Lazzaro di Mottes. Im Bezirk Volture finden wir die Gemeinden Barile, Ripacandida und Maschito. Die Albaner kamen aus dem von Türken besetzten Shkodra und aus Kruja. Von der Passio Christi in Barile haben wir schon berichtet. In San Costantino dagegen feiert man am zweiten Sonntag im Mai das Fest der Sternenmadonna mit Trachtenumzug. In all diesen Gemeinden werden die Volkstraditionen, die Trachten, die Sprache und die griechisch-orthodoxe Religion bewahrt.

Die folgende Route führt *von Potenza bis nach Candela*, zur Autobahn Neapel-Bari. Sie durchquert das gesamte Vulture-Gebiet, das Gebiet, in dem der hervorragende Doc-Wein der Basilicata, deswegen «Aglianico del Vulture» genannt, angebaut wird. In der Gegend werden aber noch andere wichtige Weine produziert wie der Moscato und der Malvasia, beide Sorten werden auch zu Sekt

Im Vulture-Gebiet

verarbeitet. Das Becken um den erloschenen Vulkan ist ebenso wichtig, auch wegen der Herstellung von bekannten Mineralwassersorten. Der Aglianico, nach den Normen für die Anerkennung als Doc-Wein angebaut, wird in den Gemeinden Rionero, Barile, Rapolla, Ripacandida, Ginestra, Maschito, Forenza, Acerenza, Melfi, Atella, Venosa, Lavello, Banzi, Palazzo San Gervasio, Genzano di Lucania produziert. Alle Orte befinden sich in der Provinz Potenza. Die Weinberge liegen in bis zu eintausendzweihundert Meter Höhe. Der Wein besitzt eine rubinrote Farbe, einen wohlriechenden anhalten-

den Duft, mit dem Geschmack von Erdbeeren und Himbeeren. Er ist trocken, würzig, mit zunehmendem Alter wird er weicher. Der Alkoholgehalt beträgt zwölfeinhalb bis dreizehn Grad. Er ist hervorragend geeignet für alle Speisen (besonders für Braten!) außer für Fisch. Man serviert ihn in einer Temperatur von zwanzig bis zweiundzwanzig Grad und entkorkt ihn einige Zeit, bevor er an den Tisch gebracht wird. Vom historisch-architektonischen Standpunkt aus fällt diese Route mit der als norman-

nisch-schwäbisch bezeichneten Route zusammen. Man muß Melfi besuchen samt der Burg mit den acht Türmen und die Kathedrale, danach Venosa, die Heimat des lateinischen Dichters Horaz, mit der Burg von Pirro del Balzo und die Ausgrabungen aus römischer Zeit, Acerenza die Kathedral-Stadt, Lagopesole und Palazzo San Gervasio mit den Burgen von Friedrich II., Atella mit dem Dom und die Seen von Monticchio mit der Abtei von San Michele.

Der Metapontino: Auf diesem Territorium entwickelte sich die große Zivilisation der *Magna Grecia.* Es umfaßt praktisch die gesamte lukanisch-ionische Küstenebene. Der Metapontino ist, abgesehen vom Ziel als internationales Badeurlaubsgebiet, auch ein hervorragendes Obstanbaugebiet. Die Nationalstraße 106 durchquert den Metapontino und berührt, von Süd nach Nord verlaufend, Nova Siri, Policoro, Scanzano Ionico, Pisticci, Metaponto, Bernalda. Diese Strecke ist außergewöhnlich reich an archäologischen Funden, z.B. die Reste von Metaponto, Siri, Herakleia. Es gibt dort auch wichtige Denkmale aus dem Mittelalter wie das Castello di Policoro und den Kornspeicher in San Basilio. Archäologische Museen gibt es in Metaponto und in Policoro.

Das Bradano-Tal folgt dem Lauf des gleichnamigen Flusses. Von der ionischen Küste aus geht es zum nordöstlichen Hinterland, an die Grenze zu Apulien. Die wichtigsten Zentren sind Montesca-

Das verlassene Craco

glioso mit der Benediktinerabtei, die dem Erzengel Michael gewidmet ist, und Miglionico mit der normannischen Burg und dem Spitznamen «vom schlechten Rat». Im Jahre 1481 versammelten sich dort nämlich die *Baroni*, die sich gegen den König von Neapel, Ferdinand I. von Aragon, verschworen hatten. In der Kirche von San Francesco ist ein bedeutender Flügelaltar aus dem Jahre 1499 zu sehen, ein Werk von Cima da Conegliano. Unter den zwei Gemeinden ist aber Matera, die Stadt der *Sassi*, das wirkliche «Herz» der Route. Und in Matera muß man, abgesehen von dem antiken Viertel aus Tuffstein mit den Kirchen Santa Lucia alle Malve, Madonna delle Virtù, San Nicola dei Greci, unbedingt das Hippogaeum von San Francesco besuchen, die Bauernhöfe Monacelle und Torre Spagnola, die Felsenkirchen Madonna degli Angeli, Christo La Selva, die Krypta San Luca und die von Sant' Eustachio, die Kathedrale, die Burg Tramontano, das Nationalmuseum Ridola.

Das Basento-Tal beginnt in der Hauptstadt der Region, in Potenza. Dort sind sehenswert die Kirche von San Francesco mit dem wunderbaren Steinportal, Santa Maria del Sepolcro und das Provinzmuseum. In der Umgebung der Stadt nennen wir Vietri, Balvano mit der Burg, Satriano mit dem mittelalterlichen Turm und Muro Lucano mit seiner Burg. Die Route führt weiter entlang der Schnellstraße des Basento. Wichtige Orte sind bei Serra di Vaglio die Ausgrabungen und die hervorragenden Festungsmauern aus lukanischer Zeit. Danach erreicht man die «Dolomiti Lucane» mit Pietrapertosa und Castelmezzano. Fährt man weiter erreichen wir

Tricarico mit den Klöstern Santa Chiara und San Carmine und die
Fresken von dem Maler Antonio Ferri, die Kathedrale und das Kloster Sant' Antonio. Tricarico ist darüberhinaus der Geburtsort von
Rocco Scotellaro (1923-1953), Bürgermeister und Dichter von «Es
ist Tag geworden», «Die Dirnentraube» und «Bauern aus dem Süden». Die Route endet zwischen Ferradina mit den Resten der Burg
von Uggiano und dem Betsaal von San Domenico, dann Pisticci
mit den typischen Wehrhäusern und Bernalda mit der Burg aus
dem sechzehnten Jahrhundert.

Die *Route durch das Agri-Tal* beginnt bei der Wallfahrtskirche
Santa Maria di Anglona in der Gemeinde Tursi, führt weiter Richtung Binnenland und folgt dabei dem Flußlauf. In Tursi finden wir
ein seltenes Zeugnis der Sarazenen in der Region und das Viertel
Rabatana, das vom Dialektdichter Albino Pierro besungen wurde.
Eine weitere Besonderheit auf dieser Strecke ist Craco, eine Stadt,
welche Anfang der sechziger Jahre nach einem furchtbaren Erd-
rutsch verlassen wurde. Der Ort ist nun Set für Filmaufnahmen geworden. In Stigliano muß man die Parochialkirche der Santa Maria Assunta aus dem achtzehnten Jahrhundert besuchen. Danach
die Abtei Santa Maria di Orsoleo in Sant' Arcangelo. Wir befinden
uns nun ganz in der Nähe von Aliano mit seinen tonerdenen Furchen und der Landschaft, in der der Roman «Christus kam nur bis
Eboli» von Carlo Levi spielt. Den Ausflug kann man in Grumento
Nova abschließen, mit dem Besuch der römischen Ausgrabungen
von Romana Grumentum.

Das Sinni-Tal durchquert man entlang einer Straße, die nicht mehr benutzt wird wie die von Sapri-Ionio. Wir beginnen in Nova Siri und Rotondella, dann an Valsinni vorbei mit der Burg, wo Isabella Morra gelebt hatte, nach San Giorgio Lucano, das Tor zum Pollino und das große Bergmassiv. Dort liegen solche kleinen Dörfer wie San Costantino Albanese, San Paolo Albanese, Noepoli, San Severino Lucano, Vigianello und Rotonda. Nach dem Pollino kommen wir zu den Zentren der tyrrhenischen Küste wie Rivello mit dem Convento dei Minori und anschließend Maratea, der «Perle des Tyrrhenischen Meeres» mit seinem Hafen, dem ehemaligen Kloster San Francesco, der großen Statue Christus der Erlöser, der mit geöffneten Armen den Golf von Policastro überragt.

Was kann man tun, wenn man noch mehr wissen will? Von Berlin aus und von jeder Stelle der Welt denkt das «Netz» daran, jede Neugierde zu befriedigen.Die Regionalverwaltung hat deswegen ein *Portal mit der Adresse: http://www.basilicatanet.it* geschaffen. Man findet darin nützliche Links, Adressen von Institutionen und Unternehmen, Pressespiegel, Telefonnummern. Von dem Portal aus ist eine direkte Verbindung zu der Adresse der Region Basilicata möglich. Dort können Informationen zu allen Bereichen gesucht werden, von der Archäologie, dem Tourismus, der Landwirtschaft bis hin zur Kultur.

Auf Wiedersehen in der Basilicata!

«Die Basilicata ist eine landschaftlich sehr schöne,
durch naturwüchsige Pracht sich auszeichnende Gegend,
die aber wegen ihres bergigen Terrains noch keine guten
Landstrassen hat und nur ausnahmsweise von
Touristen besucht wird.
Die Einwohner haben sich einen eigenthümlichen
Typus bewahrt, sind meist gross und schön gebaut und
gelten als sehr thätig, intelligent und mässig.»
(Meyer's Reisebücher, Unter-Italien, Leipzig 1877)

Sigrid Fontana

DIE BASILICATA – DAS LAND UND SEINE KÜCHE

«Fast mehr noch als Kalabrien und die Abruzzen dürfte durch Wildheit und naturwüchsige Pracht der Gegend die neapoletanische Provinz Basilicata den Reisenden zu einem Besuche reizen. Schon der alte Name Lukanien, wenn man ihn von *lucus* und nicht von *leukos* (weiß, Leucania, von den vielen hell und weiß schimmernden Kalkbergen und Thonlagern) herleitet, erinnert an Waldesnacht und Tannendunkel und erfüllt die Phantasie mit obligaten Bildern romantischer Abenteuer. Es ist so ein Stück neapolitanischen Schwarzwaldes, bei dessen Anblick der Wanderer gar oft ‹stille steht und große Augen macht›, zumal wenn der Duft finsterer Tannenwälder ihn melancholisch anheimelt und ringsumher wild zerrissene und geborstene Felsen und Bergtrümmer an nördlich gelegene Bilder der Alpenwelt erinnern. Und dennoch ist die ganze schöne, jetzt so schwer von einem Erdbeben heimgesuchte Provinz fast eine *Terra incognita*.» (Carl Wilhelm Schnars, 1859)

Die deutsche Italiensehnsucht setzte Mitte des neunzehnten Jahrhunderts zunächst bei dem gutsituierten Bildungsbürgertum ein. Sie steigerte sich in den zwanziger Jahren und nahm zur Zeit des Wirtschaftswunders nach 1950 die Form einer Massenbewegung an. Die Reiselust konzentrierte sich vor allem auf den Norden Italiens, auf die Riviera und auf Rom. Im Süden war Neapel, natürlich mit Capri, ein beliebtes Ziel und besonders Wagemutige schifften sich sogar nach Sizilien ein. Selten wählte ein Reisender den Landweg entlang der Küsten, um den tiefen Süden zu erkunden, die Route durch das Landesinnere wurde ängstlich gemieden. Bis in die siebziger Jahre des letzten Jahrhunderts blieb die Basilicata für Reisende und Touristen fast ein Gerücht. Eine *Terra incognita* nicht nur für deutsche, sondern auch für italienische Urlauber.

Heute ist kaum noch vorstellbar, unter welchen Bedingungen sich das Reisen in der Basilicata vor zwei, drei Jahrhunderten gestaltet hat. Es gab nur wenige Straßen, die mit einer Kutsche befahrbar waren. Die Ortschaften auf den Hügelkämmen oder Bergspitzen konnten alleine zu Fuß, mit Mauleseln oder kräftigen klettertauglichen Pferden auf steilen, schmalen, gewundenen Ziegenpfaden erreicht werden. Das Land war dünn besiedelt, die Bauern, Tagelöhner und Hirten beäugten jeden Fremden mißtrauisch. Unterbringung und Verpflegung waren für Reisende schwer zu finden. Trotzdem kamen etliche Poeten und Schriftsteller der Romantik aus England, Frankreich und Deutschland in den tiefen Süden. Angelockt vom Reiz dieser wilden, zerklüfteten Landschaft suchten sie dort nach ihrem *Arkadien*, dem von Menschenhand unberührten, ursprünglichen irdischen Paradies. Die deutschen Romantiker wanderten auf den Spuren von Federico di Svevia, der sich als echter Italiener fühlte und diese Liebe weitergab.

Ein wichtiger Motor dieser Verbindung war der Historiker und Schriftsteller Theodor Mommsen (1817-1903), der sich als noch nicht Dreißigjähriger von der Landschaft Lukaniens faszinieren ließ. Er studierte Sprache und Dialekt, notierte mündliche Erzählungen und Anekdoten der Bewohner und rekonstruierte auch anhand solcher Überlieferungen die Zeit des antiken römischen Reiches.

Im Jahre 1850 veröffentlicht er eine Beschreibung der unteritalienischen Dialekte. Zwar schildert er auch die Gefahren einer Reise durch diese unzivilisierte, «von Banditen und Wegelagerern heimgesuchte» Region. Doch seine furchterregende Schilderung zeigte nicht bei allen Italienreisenden abschreckende Wirkung. Lukanien wurde in der Mitte des neunzehnten Jahrhunderts zu einem Mythos von Liebe und Sehnsucht und für etliche deutsche Dichter der Romantik eine Quelle der Inspiration.

Der Hamburger Arzt Carl Wilhelm Schnars (1806-1875) veröffentlicht 1859 in einem detaillierten Reiseführer seine Erlebnisse mit dem Land Horaz', dem Gebiet der *Terra incognita*, das er zunächst als privilegiertes Land betrachtet, weil dort die Zeit stehengeblieben zu sein scheint. Doch im Laufe der Reise verändert sich seine Wahrnehmung. Dieses harmonische Italien, das Goethe beschreibt, ist für Schnars eher die Utopie einer verklärten Erinnerung und vermittelt vielmehr einen Traum von Süditalien, der mit der Wirklichkeit nicht unbedingt übereinstimmt.

Im Gegensatz zu den Romantikern legt er sein Augenmerk nicht auf die mediterrane Idylle, sondern auf die dunklen und unheimlichen Waldgebiete, die ihn an den deutschen Schwarzwald erinnern, über den er ebenfalls mehrere Reiseführer verfaßte. Er beschreibt eine Route entlang der Schlösser, die Friedrich II. erbaute, beschäftigt sich voller Begeisterung mit der vulkanischen Landschaft des *Vulture* rund um Melfi, ihren Sehenswürdigkeiten und Besonderheiten und stellt sie so sachlich und realistisch wie nur eben möglich dar. Im Laufe der Reise ändert sich seine neutrale Beobachterposition. Er bedauert die unzureichende Bildung, den Schmutz und die erbärmlichen Lebensumstände. Er läßt sich von Emotionen gefangennehmen, vor allem, wenn er die Menschen und ihre Lebensweise beschreibt. Den gebildeten Hamburger befremdet, daß die Menschen in der Basilicata nicht über Kultur und Politik sprechen, sondern vollständig vom Kampf ums Überleben in Anspruch genommen sind. Ihre landwirtschaftlichen Methoden sind primitiv, sie düngen ihre Felder nicht, scheinen planlos die Samen auszustreuen und der Boden wird nicht so intensiv bearbeitet, daß die Ernte besser ausfallen könnte. Auch schaffen sie es nicht, die Wälder wieder aufzuforsten oder die Jagd auszuweiten.

«Die Bewohner des Basilicats sind groß, stark, thätig, mäßig und talentvoll, aber zornig, eifersüchtig und nicht sehr gastfrei und gesellig. In Bezug auf ihre Geistesfähigkeiten scheint der Unterricht sehr mangelhaft und ungenügend. Die Kleidung des gewöhnlichen Landvolks ist sehr dürftig und schmutzig; von Armuth gedrückt gehen sie leicht und gerne den Weg des Lasters. Die Bauern sind fleißig und die Frauen unterstützen ihre Männer beim Ackerbau. Die Wohlhabenderen und Gebildeteren verlangen eine klägliche Unterwürfigkeit von den Armen. Um Verbesserung ihrer Verhältnisse, um Unterricht und Umgang kümmern sie sich wenig und Familienfeindschaften erben von Geschlecht zu Geschlecht … Den Ruhm des alten Lukaniens zur Zeit der Blüthe von Siris, Heraclea und Metapont, große Talente des Krieges, der Künste und der Wissenschaften erzeugt zu haben, scheinen die heutigen Bewohner des Basilicats nicht fortsetzen zu wollen.» (Carl Wilhelm Schnars, 1859)

Bis in die Zeit nach dem Zweiten Weltkrieg lebten die Bauern in den alten Orten hoch über den Feldern auf den Bergspitzen oder auf den Hügelkämmen, dort wo sie sicher waren vor den Eroberern. Es gab keine bürgerliche Schicht in der Basilicata des neunzehnten Jahrhunderts. Die Gesellschaft teilte sich auf in die Bauern, gering-

schätzig *Cafoni* (Tölpel) genannt, denen absolut nichts gehörte, und die *Padroni*, die Großgrundbesitzer, die Eigentümer prächtiger Gutshäuser und Ländereien. Zu einem festen Pachtzins ließen die *Baroni* oder *Padroni* das Land von den Bauern bearbeiten. Weizen war das alleinige Zahlungsmittel, und zum fälligen Termin mußte die festgesetzte, immer gleiche Menge erbracht werden,

Büffelkarren, um 1920

egal wie die Ernte ausgefallen war. Und die Ernte fiel nicht selten schlecht aus. Oft erbrachte sie so wenig, daß kaum etwas für die Aussaat zurückgehalten werden konnte, geschweige denn ein Überschuß, der gegen einen Topf oder ein paar Schuhe eingetauscht werden konnte. In schlechten Jahren blieb den Bauern nur noch Futtermais als Nahrungsmittel übrig.

Die Einigung Italiens 1861 unter König Vittorio Emmanuelle II. und Garibaldi, gerade durch die Bevölkerung des Südens unterstützt, änderte nichts an diesen Bedingungen. Erstmals war auch die Geduld der Bauern zu Ende. Sie schlossen sich zusammen zu einer Rebellion des Hungers und der Unterdrückten, wurden zu Briganten, die ihre Gitarren und Tambourine aus der Hand gelegt hatten und ihr Lied nun mit der Schrotflinte sangen, wie ein Volkslied aus dieser Zeit überliefert. Über fünf Jahre kämpften Männer und Frauen, die nichts zu verlieren hatten als ihr Leben. Ihr Aufstand wurde niedergemetzelt. Fast vierzig Jahre mußten vergehen und ein neues Jahrhundert anbrechen, bevor der erste italienische Ministerpräsident persönlich die Basilicata besuchte. Er empfängt das erschütternde Bild erbärmlicher Zustände. Über neunzig Prozent der Bevölkerung sprachen kein Hochitalienisch und waren Analphabeten, überall herrschten Epidemien, Malaria, Krankheiten und Zerfall. Doch sein Besuch änderte nichts.

Aliano, um 1930

«In guten Jahren war trotz Dünger und Bearbeitung der Ertrag höchstens neunmal so groß wie die Aussaat; in den anderen Jahren war die Ernte noch viel geringer; manchmal wurde nur drei-, viermal soviel wie die Aussaat erzielt. Es war also wirtschaftlich ein Wahnsinn, beim Weizen zu bleiben. Auf diesem Boden gedeihen nur Mandeln und Oliven, und vor allem müßten wieder Wälder und Weiden entstehen. Die Bauern erhielten Hungerlöhne. Ich erinnere mich daran, wie ich am Tage meiner Ankunft mitten in der Ernte lange Reihen von Frauen mit Weizensäcken auf dem Kopf die endlose Straße bis zum Ort hinaufkeuchen sah wie Verdammte des Inferno unter der grausamen Sonne. Für jeden Sack, den sie heraufbrachten, bekamen sie eine Lira.» (Carlo Levi, um 1935)

Als Carlo Levi 1935 ins Exil in die Basilicata, nach Aliano verbannt wird, findet er die Situation unverändert vor. Erst nach dem Zweiten Weltkrieg kam es zu der langversprochenen Bodenreform, die ein Stückchen Wohlstand in die Basilicata brachte. Die *Terra incognita* wird inzwischen auch von italienischen Urlaubern und den Touristen «entdeckt», bleibt aber dennoch in vielen Orten und Landschaften so geheimnisvoll, wie sie den Besuchern vor zweihundert Jahren erschien.

Lukanische Ausflüge

Aliano «Hinter der Piazza stieg die Straße wieder an, überwand einen Vorsprung und fiel wiederum ab auf ein winziges Plätzchen, das von niedrigen Häusern umstanden war. Mitten darauf stand ein sonderbares Monument, fast so hoch wie die Häuser und bei der sonstigen Enge feierlich und riesenhaft. Es war ein Pissoir: das modernste, prächtigste und monumentalste Pissoir, das man sich vorstellen kann, eins aus Eisenbeton mit vier Ständern und einem kräftigen, vorspringenden Dach, wie sie erst in den letzten Jahren in den Großstädten errichtet wurden … Welcher groteske Umstand oder welcher Zauberer oder welche Fee konnte aus fernen nordischen Ländern diesen Gegenstand durch die Luft hierher gebracht und ihn wie einen Meteor mitten auf dem Platz dieses Dorfes fallengelassen haben, in einem Land, wo es auf Hunderte von Kilometern weder Wasser noch hygienische Einrichtungen irgendwelcher Art gibt?» (Carlo Levi, um 1935)

Dieses aus der Gemeindekasse finanzierte faschistische Denkmal sucht man heute in Aliano vergeblich, doch ansonsten fällt es leicht, sich in die Vergangenheit des Ortes einzufühlen, den Spuren Carlo Levis über ausgetretene grob behauene Stufen und verwinkelte Gassen zu folgen. Es liegt der Geruch von Holzfeuern in der Luft. Die Weite der Berglandschaft wirkt karg. In der Vorosterzeit färben nur wenige blühende Sträucher und Frühlingsblumen die Hänge. Die Eichen sind unbelaubt, ihre dunklen Stämme heben sich von den ausgeblichenen, verkarsteten, fast weißen Berghängen ab. Von Menschenhand in den Kalksandstein eingegrabene Öffnungen zeugen von den früheren Höhlenwohnungen der ärmsten Bewohner. Darüber thront, mit senkrechten Mauern bewehrt, der

Aliano, Casa Levi

alte Dorfkern von Ober-Aliano, in dem Carlo Levi Unterkunft
fand. Vor Beginn der Saison liegt eine tiefe Stille über dem fast verlassenen historischen Ortsteil, nur durchbrochen von dem Krähen
eines Hahnes oder Vogelzwitschern. Die junge Generation ist in
den Norden oder ins Ausland abgewandert. Ihre Eltern und Groß-
eltern leben inzwischen in dem komplett modernisierten Unter-
Aliano in schlichten Neubauten, die – mit Strom und Kanalisation
versehen – in den fünfziger Jahren den Anschluß an die Zivilisation bedeuteten. In Ober-Aliano sind nur am Fuße des schmalen
Pfades, der zu Levis Haus führt, Lebenszeichen erkennbar.

Sechs Hühner und ein Hahn picken in einem eingezäunten Hof.
Auf einem grob gezimmerten, verwitterten Holztisch steht eine
grellbunte Plastikwanne, in der Wäsche einweicht. In verbeulten
Metallschüsseln wachsen Petersilie, Thymian und Rosmarin. In einem kleinen Küchengarten steht ein Olivenbaum, sprießt flieder-
farben blühender, wilder Löwenzahn und rapsähnliche gelbe Cimarelle, zeigen sich die ersten grünen Spitzen von Möhren, Kartoffeln
und anderen Gemüsen. Gleich dahinter fällt der Abhang steil ab.
Ein kleiner Stall hinter dem unverputzten Haus aus weißen Fels-
brocken könnte gerade mal ein Schwein und einen Esel beherber-
gen. Jetzt steht er leer. Fast gleich aussehende Gebäude, alle mit
aufgemalten Hausnummern neben den Rundbögen der Eingangs-
türen, schließen sich an. Das flache Dach des untenliegenden Hauses ist schon gleichzeitig der Vorhof des nächsthöheren. Hier lebt
ein alter Mann, der den Zugang zu Carlo Levis Haus bewacht, das

Blick auf Aliano

zweigeschoßig oben auf der Bergkuppe gelegen alle umliegenden Bauwerke überragt. Noch ist es nicht zur Besichtigung freigegeben, der Eingang versperrt. Maurerwerkzeuge und Arbeitsmaterial weisen auf eine anstehende Renovierung hin. Dahinter ein Gewirr schmaler Gassen, die unvermutet am schroff nach unten fallenden Berg enden. Die Atmosphäre ist unwirklich. Einige knorrige Olivenbäume, Büsche und Nadelhölzer krallen ihre Wurzeln in den Fels.

«Auf meiner Terrasse war der Himmel unendlich weit, voller wechselnder Wolken. Mir schien es, ich sei auf dem Dach der Welt oder auf dem Oberdeck eines Schiffes, das in einem versteinerten Meer verankert war.» (Carlo Levi, um 1935)

Carlo Levis karge Unterkunft und sein ehemaliger streng eingegrenzter und überwachter Bewegungsraum im Exil erleben eine behutsame Restaurierung, die weder verändern noch mystifizieren will. Das beinahe leere Haus soll dem Besucher den ersten Eindruck des Turiner Autors weitervermitteln. Diaprojektoren geben an den weiß gekalkten Wänden das Fotomaterial jener Zeit wieder: den Hund Barone, die Haushälterin Giulia, den Obst- und Gemüsegarten, die Dächer, Wolken und Horizonte. Lichtinstallationen zeigen als Schattenspiel die Staffelei, an die Wand gelehnte Gemälde, einen Tisch und Stuhl und ein Bettgestell. Aliano gehört inzwischen zu einem der zahlreichen Literaturparks im *Mezzogiorno*, die es interessierten Besuchern ermöglichen, das Werk eines Autors im ursprünglichen Lebensraum nachzuempfinden.

In Aliano kämpft seit Jahren eine literaturbegeisterte und traditionsbewußte Initiative unter Leitung von Luigi de Lorenzo um den wirklichkeitsgetreuen Erhalt des Ortes, kümmert sich um die behutsame Restaurierung der meist verfallenen Häuser, in deren Mauerritzen wildwachsende Kräuter und Gemüsepflanzen wuchern. An einigen verrosteten Drähten zwischen den Gebäuden wehen Stoffetzen, als hätten die Bewohner fluchtartig ihre Behausungen verlassen müssen und die Wäsche auf der Leine vergessen. Hier lassen vom Spätfrühling bis in den Herbst hinein «Sentimentale Reisen» als inszeniertes Schauspiel mit Lichtspielen und Klängen der alten Instrumente den Alltag der Vergangenheit auferstehen. Handwerker zeigen ihre Kunst, Kinder beteiligen sich am Straßentheater, an improvisierten Ständen können die charakteristischen Vorspeisen, Käse, Wurst und Wein gekostet werden. Ein kleines Museum zeigt Briefe und einige Gemälde von Carlo Levi, Schriftstücke der Behördenkorrespondenz, alte Fotos von Giulia, dem Hund Barone, den Menschen des Ortes. Dazu kommen noch Werke von ortsansässigen Künstlern. Schulklassen der umliegenden Regionen sind eingeladen, einen Tag mit einem Buch zu verbringen. Die kurz vor dem Abitur stehenden Schüler haben die Möglichkeit ihre Wahrnehmungen und Interpretationen des Buchs vor Ort zu überprüfen. Im Internet erfahren vorausplanende Besucher die genauen Termine, wann im Sommer Veranstaltungen oder die «Wochen kreativen Schreibens» stattfinden. Bekannte Schriftsteller weisen die Seminarteilnehmer praxisnah in Techniken und Methoden des Schreibens ein. Unterkunft bieten einige originalgetreu restaurierte Bauernkaten, mit unendlich weitem Blick über Täler und Hügel.

Luigi di Lorenzo und Nicola Toce

«Der Bersagliergraben ist voller Schatten, und Schatten umhüllen die schwarzen und lila Berge, die den Horiziont auf allen Seiten einengen. Die ersten Sterne glänzen auf, hinter dem Agri funkeln die Lichter von Sant'Arcangelo und weiter hinten, kaum mehr sichtbar, die von ein paar anderen unbekannten Orten, vielleicht Noepoli oder Senise … Um mich herum gleitet in großen Kreisen unbestimmtes Geflüster, und jenseits davon herrscht tiefes Schweigen. Mir ist, als sei ich vom Himmel gefallen wie ein Stein in den Teich.» (Carlo Levi, um 1935)

Corleto-Perticara In der Nähe von Carlo Levis ehemaligem Exil Aliano liegt Corleto gleich in der Nähe von Guardia Perticara hoch oben auf einer Bergspitze, erreichbar über steile, kurvige Straßen. Ein paar Kilometer außerhalb dieses Ortes, den Berg schon wieder abwärts fahrend, steht völlig unvermutet ein improvisiertes Hinweisschild mit einem aufgemalten Besteck und einem Pfeil, der jedenfalls eine ungefähre Richtung angibt. Das Zeichen läßt vermuten: Hier in der Nähe muß es ein Restaurant geben. Doch welches der Dächer, die vom Hang aus erkennbar sind, könnte es sein? Nach einigen kurvenreichen Manövern findet man den gerade noch mit dem Auto passierbaren Pfad zu einem eher nach Privathaus anmutenden Gasthof. Ein Schild gibt es nicht, auch keinen Namen, dafür aber zwei große Hunde, die mit ihrem Gebell ein älteres Ehepaar vor die Eingangstür locken. Er spricht ein paar Brokken Deutsch, weist die Besucher an, auf dem Wiesenstück zu parken, das an einen nach dem Zufallsprinzip gepflasterten Vorplatz grenzt. Anfang der sechziger Jahre hat er in der Nähe von Wuppertal in der Stahlindustrie gearbeitet und ist nach der Krise in den Siebzigern wieder zu seiner Familie in die alte Heimat zurückgekehrt, erzählt der wettergegerbte, grauhaarige Hausherr, während er die Gäste durch eine winzige, schmale Küche führt, in der die Hausfrau bereits einen verlockend duftenden *Sugo* rührt. Gleich dahinter befindet sich ein weiterer kleiner Raum mit Kamin und Familientisch, an dem eine Greisin Gemüse schneidet und zwei junge Männer Gläser bereitstellen. Der Sohn ist gerade rechtzeitig zu den Osterfeiertagen aus Florenz angereist und hat Besuch von

einem Freund aus der Nachbarschaft, den es sonst zur Arbeit nach Mailand verschlagen hat. Nach einem Plausch geht es weiter durch einen Flur zu einem von drei Eßzimmern, die jeweils von einem großen weiß eingedeckten Holztisch und Stühlen fast ganz ausgefüllt sind. In jedem kann eine Gesellschaft von zwölf Personen ganz unter sich sein, essen und feiern.

Schon bevor jeder seinen Platz am Tisch eingenommen hat, kommen Sohn und Hausfrau mit einer Flasche Weißwein – selbstverständlich selbstgekeltert –, Schalen mit Oliven, eingelegten grünen Tomaten sowie selbstgebackenem Brot. Zuerst wird angestoßen, dann erklärt die Hausfrau, was sie alles auf den Tisch bringen konnte. Neben eingelegten Vorspeisen, selbstgemachter Salami und Schinken stehen acht verschiedene Sorten selbstverständlich selbstgemachter *Pasta* zur Auswahl, verschiedene Braten vom Wildschwein, frischer Ziegenkäse, Gemüse aus dem Garten, Kuchen und Gebäck; dazu ein kräftiger trockener Rotwein. Egal wofür sich der Gast entscheidet, er wird bei jedem Gang aufs angenehmste überrascht. Das Wildschweinragout in Tomatensauce ist unübertrefflich und die *Cantucci*, das knusprige Mandelgebäck, stehen außer Konkurrenz.

Bei Maria Rachele Monacelli gibt es außer Backpulver, Salz und Mehl kaum etwas, das nicht in ihrem Garten gewachsen ist oder selbstproduziert wurde. In ihrer winzigen Küche bereitet sie ohne Schwierigkeiten Menüs für eine siebzigköpfige Hochzeitsgesell-

schaft – nach Vorbestellung. Ihr ganzer Stolz ist eine riesige Vorratskammer, die ehemals ein Elternschlafzimmer gewesen zu sein
scheint. Doch jetzt stehen mit Gebäck und Kuchen gefüllte Kartons
auf dem abgedeckten Doppelbett. Eine Kühltruhe ist bis obenhin
gefüllt mit Nudeln verschiedener Sorten und Formen, die muschelförmigen *Orecchiette*, mit Ricotta und Spinat gefüllte *Ravioli*,
gedrehte *Fusilli* oder *Tortellini* mit Wildschweinhack. In den Rega-
len des ehemaligen Kleiderschranks lagern einige Brote, Säcke mit
Mehl, Zucker und etliche andere Backzutaten, an Deckenhaken
hängen dicke und dünne, lange und kurze, runde und eckige Würste neben großen Schinkenkeulen, Kränzen von Knoblauch, getrockneten Pfefferschoten, Tomaten und Paprika. Auf mehreren
Wandregalen stehen unzählige Einmachgläser mit pikanten Vorspeisen, Tomaten, Früchten oder Marmelade, auf anderen drängen
sich Flaschen mit selbstgebranntem *Grappa* oder *Limoncello*. Auf
der ehemaligen Frisierkommode ruhen einige runde Käse, in einer
zweiten Kühltruhe ist Fleisch eingefroren. Die Jagd im Herbst war
sehr erfolgreich.

Nicht nur Jäger, sondern auch alle anderen Besucher, die gerne
in der Abgeschiedenheit der ursprünglichen Berglandschaft Natur

und Ausflüge genießen möchten, finden
hier im «Ristorante a Lago» neben aus-
gezeichneter bäuerlicher Küche auch
Unterkunft mit einfachem Komfort in
einem nahegelegenen Neubau. Famili-
enanschluß inbegriffen, vor allem wenn
man dem Hausherren ein Päckchen
deutscher Zigaretten mitbringt. Aber
bitte die mit der weiß-gelben oder
orangefarbenen Verpackung!

Die Felsen von Matera Für diejenigen, die sich von Süden her
Matera nähern, ist kaum vorstellbar, daß es dort Felsen gibt, in deren Klüfte bereits im Altertum eine ganze Stadt geschnitten wurde.
Die Ausläufer des Gebirges sind flach, auf langgezogenen Feldern
wächst der Weizen, der das Brot von Matera so berühmt gemacht
hat. Von weitem sind auf dem sanft ansteigenden Hügel Neubau-

ten erkennbar, die sich ins Tal verstreuen. Doch plötzlich und un-
erwartet ist der moderne Ortskern der Provinzhauptstadt mit ihren fast sechzigtausend Einwohnern erreicht, in dem es von Autos,
Motorrädern und Menschen wimmelt. In jeder Straße mindestens
eine Kirche, eingebaut zwischen alten und neuen Gebäuden. Bei
der Piazza am Hügelkamm hört dieser im neunzehnten und zwanzigsten Jahrhundert entstandene Stadtteil unvermittelt auf.

Hinter einer brusthohen Mauer fällt der Felsen schroff nach unten ab. Erst hier wird offensichtlich, wie hoch vierhundert Meter
über dem Meeresspiegel sein können, denn die Landschaft im Hintergrund wirkt auf einmal wie eine unendlich hohe Gipfelkette,
deren Fundamente weit unter dem Meeresboden ruhen. Als wolle
die Natur den Menschen zeigen, wie sie in ihrem tiefsten Kern be-
schaffen ist.

Doch die Mauer gibt auch den Blick frei auf eine Stadt, die in
den Felsen hineingewachsen zu sein scheint. Hinein in die steilen
Trichter einer schluchtigen Bodensenke pressen sich verschachtelt
angelegte, mehrstöckige schmale Häuser dicht aneinander, verbunden durch ein Gewirr verwinkelter abschüssiger Gassen aus
grobbehauenen Steinen, über Jahrtausende glattgeschliffen von
Menschenfüßen und Maultierhufen. Hohe ausgetretene Treppen-
stufen führen zu den Hauseingängen. Die weißgekalkten Mauern
reflektieren das Sonnenlicht und blenden die Augen. Motoren-
geräusche verhallen in der Ferne, geschluckt und absorbiert von
den *Sassi* di Matera. Stille durchzieht die Gassen und es wird deut-

lich, warum diese archaisch anmutende Stadt Pasolini 1964 zu dem Film «Das zweite Evangelium des Matthäus» inspirierte.

Vor das innere Auge drängen sich Bilder dunkelgekleideter Frauen, die auf ihrem Scheitel große Tonkrüge balancieren und mit langsamen Schritten zum Brunnen streben. Es sieht vereinzelte Bauern, die einen mit Korn beladenen Esel über die holprigen Pflastersteine zu einem riesigen Mühlstein führen. Eine Ahnung von Zeitlosigkeit und Unendlichkeit hat sich mit den Steinen verbunden, von denen jeder eine eigene Geschichte über die Entstehung der Welt erzählen könnte. Die Felsen waren dort, lange bevor Lebewesen in ihnen Zuflucht gefunden haben, und wie die ausgebleichten Knochen eines Skeletts zeigen sie, wie langsam die Zeit vergeht und ein Stein zu Staub zerfällt. Ein Gang durch die Gassen von Matera läßt eine Ahnung entstehen, warum sich über Generationen eine tiefe Religiosität in die Herzen der Menschen aus dem Süden Italiens eingegraben hat. Eine Ewigkeit, unterbrochen von den Zeremonien und Ritualen der katholischen Kirche, vermischt mit Aberglauben und archetypischen Symbolen der Anbetung, die sich in allen Kulturen dieser Welt wiederfinden lassen, in denen körperlich harte Arbeit, Entbehrungen und Armut den Alltag prägen.

Die Geräusche des modernen Lebens bilden eine unwirkliche Kulisse. Sogar knatternde Motorroller und hupende Kleinwagen in den als Weltkulturerbe geschützten steilen Gassen mutieren zu einer bedeutungslosen Zeiterscheinung. Beständiger dagegen das Zwitschern eines Vogels und das Wasserplätschern eines nahegelegenen altertümlichen Brunnens. Die ewig bestückten Wäscheleinen zwischen den Häusern oder vereinzelte mit Geranien oder Küchenkräutern bepflanzte Tontöpfe auf Simsen und Mauerenden deuten auf Bewohner hin. Die Fenster mit Holzläden verdunkelt, die meisten Türen verschlossen – abweisend und streng.

Erst seit wenigen Jahren ziehen wieder Menschen in die Steinhäuser, die inzwischen an Elektrizität und Kanalisation angeschlossen sind. Vornehmlich junge Familien schätzen die besondere Atmosphäre dieses Stadtteils, der schon lange vor der christlichen Zeitrechnung bewohnt war. Auch Besuchern aus aller Welt ist Matera eine Reise wert, doch grellreißerische Souvenirshops gibt es hier nicht. Der Ort läßt seinen Gästen die Freiheit,

Piazza in Matera

selber den sinnlichen Reiz dieser Stadt zu erfassen, weist nur gelegentlich auf besondere Sehenswürdigkeiten hin, lädt zu geführten Rundgängen und Kirchenbesichtigungen ein. Einige Gewerbetreibende vertreiben wenige, aber dafür geschmackvolle Erinnerungsstücke und Photos von ortsansässigen Kunstlern oder alte Noten, Instrumente und Musikliteratur.

Da gibt es handgeschnitzte Flöten aus Oliven- und Eichenholz, mit denen sich früher die Hirten verständigten. Hier ist noch eine alte *Cupa-Cupa* zu finden, die einem Butterfaß mit Stampfer ähnelt, nur daß die obere Öffnung mit einer Schweinsblase bespannt ist. In der Mitte des Instruments ist senkrecht ein Holzstab eingelassen, der mit Handbewegungen gegen den Boden des Fasses stößt und mit seinen dumpfhallenden Tönen den Rhythmus zu einer Melodie aus dem Dudelsack vorgibt.

Alberigo Larato engagiert sich dafür, die alte Musiktradition zu bewahren. Er selber ist ein begeisterter Spieler der *Zampogna*, einem lukanischen Dudelsack, dessen langgezogener Klang dem des schottischen Instruments ähnelt. Der Blasebalg besteht aus einer Ziegenhaut, die in einem besonderen Verfahren vom Fleisch gelöst wurde. Das Tier wurde getötet, ohne die Haut zu verletzen, dann an einem der Hinterbeine knapp über dem Huf vorsichtig eingeschnitten. Durch diese mundgerechte Öffnung ließ sich Luft in das Tier blasen, um das Fell vom Fleisch zu lösen.

«Als die Ziege wie eine Montgolfière aufgeblasen war, löste der Mann, gleichzeitig das Bein mit der Hand zupressend, endlich den Mund vom Fuß des Tieres und wischte ihn mit dem Ärmel ab; dann begann er flink das Ziegenfell umzustülpen, wie einen umgedrehten Handschuh, bis das ganze Fell völlig abgelöst war und die Ziege nackt und geschunden wie ein Heiliger allein auf dem Brett liegen blieb und gen Himmel starrte.» (Carlo Levi, um 1935)

Nicht nur als wasserundurchlässiger Schlauch läßt sich dieser Balg benutzen. Mit einem Mundstück aus Olivenholz und einer beweglichen Griffleiste, einer Art Tastatur, wird es zum *Zampogna*, dem Instrument der Hirten, mit dem ursprünglich die Weihnachtzeit musikalisch untermalt wurde. Alberigo Larato kennt inzwischen alle Menschen in der Basilicata, die sich mit der traditionellen Musik beschäftigen. Doch sein Lieblingsinstrument ist die *Zampogna*, und er pflegt besonders den Kontakt mit den Schäfern und Hirten, die noch die alte Kunst des Dudelsackspielens beherrschen, und organisiert gemeinsame Auftritte. Im Hause seiner Familie am Stadtrand von Matera steht nicht nur ein Klavier. Mehrere Gitarren, Flöten und natürlich die *Zampogna* liegen immer griffbereit. Der besondere Stolz der Familie ist ein vom Großvater vererbtes gitarrenähnliches Instrument. In dessen Friseurgeschäft trafen sich früher die Männer des Ortes, um zu singen, aufzuspielen und ihre Auftritte vorzubereiten

Überraschend selbstverständlich folgt nach einer musikalischen Kostprobe eine Einladung zum Mittagessen. Es gibt *Gnocchi* aus Kartoffeln, die mit einem geriffelten Holzbrett, das sich gut der Hand anpaßt, zu muschelähnlichen Ovalen geformt wurden. So können sie nicht nur äußerlich, sondern auch in einer kleinen Öff-

Das vorbereitete Essen

nung noch mehr des köstlichen Tomatensugo aufnehmen. Natürlich gibt es neben Parmigiano auch einen herzhaften, frisch geriebenen Pecorino, um der *Pasta* die letzte Würze zu verleihen. Am Freitag ißt die Familie kein Fleisch. Dafür gibt es einen wunderbaren, mit Käse überbackenen Mangoldauflauf, gefolgt von *Panzerotti,* Teigtaschen aus Brotteig, gefüllt mit Spinat oder Kartoffeln oder einem milden Ziegenkäse.

Der Käse spielt bei diesem Essen eine Hauptrolle, denn er stammt aus einer kleinen Käserei in der Nachbarschaft. Die geschmackliche Qualität des Pecorino, des Provolone, Mozzarella und Ricotta aus der Region um Matera ist exzellent. Der frische Mozzarella sieht aus wie ein Osterei oder Bonbon, das in crcmigweißes Geschenkpapier gewickelt und geknotet wurde, mit einer eleganten, weitgefächerten Dekoration zu beiden Seiten. Er duftet nach Wiese und weiter Landschaft, fühlt sich glatt und fest an und hat eine sehr feine, faserige Konsistenz. Ohne ein einziges Salz- oder Pfefferkorn schmeckt er einfach unbeschreiblich gut. Diese Qualität ist nur zu finden, wenn sich ein benachbarter Bauer auf die Mozarella-Produktion aus Büffelmilch spezialisiert hat. Auch der Ricotta ist so cre-

Zu Gast bei Familie Larato

mig und mild, daß er an geschlagene Sahne erinnert und vorzüglich zu dem frischen Obst paßt. Eine *Zuppa inglese*, eine Biskuitrolle mit kandierten Früchten, und eine herrlich leichte Torte mit Orangencreme bilden den Abschluß. Die *Torta di Arance* nach dem Rezept von Anna Caputo, der Hausherrin und Alberigos Mutter, gelingt auch Anfängern. Zu den Köstlichkeiten gibt es einen leichten, fruchtigen Weißwein.

Dieser selbstgekelterte Wein ist der Stolz des Hausherrn, der uns nach der Mahlzeit durch seinen Garten und in seinen Weinkeller führt. Die Familie pflegt nicht nur die musikalische Tradition, sondern auch die der Selbstversorger. Auf dem Grundstück am Haus wachsen Fenchelknollen, Saubohnen, Kartoffeln, Staudensellerie und Salat, Tomaten, Erdbeeren, einige Olivenbäume und Kräuter. Die Trauben für seinen Wein bezieht Alberigos Vater von einem befreundeten Weinbauern. In jedem Sommer produziert er in den kühlen Kellerräumen den Jahresvorrat der Familie.

Doch auch wer nicht zu einem Essen in einem Privathaushalt eingeladen wird, muß in Matera nicht verhungern. Außerhalb des antiken Stadtkerns locken etliche Restaurants mit lukanischen Spezialitäten. Da warten zahlreiche Bäckereien mit einer vielfältigen Auswahl der berühmten Brot- und Gebäcksorten, Läden mit ihren *Prodotti tipici*, also Leckereien aus der Region, und kleine Bars auf genußfreudige Gäste.

Wer die Basilicata bereist, sollte auf jeden Fall einen Tag eintauchen in die Geschichten der Sassi von Matera.

Montalbano   Die Eindrücke einer Reise durch die archaische Landschaft der Basilicata werden noch verstärkt durch religiöse Rituale oder Zeremonien, die an den unzähligen Feiertagen zu Ehren der Heiligen stattfinden. Am Abend des Karfreitag findet in den Orten des italienischen Südens die Prozession statt, an dem die Maria Dolorosa, die schmerzensreiche Maria, der Bahre mit ihrem für die Menschen gestorbenen Sohn folgt. Die Menschen versammeln sich nach Einbruch der Dunkelheit in den Straßen und warten darauf, daß die in einem gläsernen Sarg aufgebahrte Jesusfigur an ihnen vorübergetragen wird. Gefolgt von der ebenfalls von Männern getragenen, dunkelgekleideten Figur der Mutter Maria,

Prozession

die von einem tiefen Schmerz umhüllt zu sein scheint, der den
Menschen ans Herz greift und ihnen die Tränen in die Augen
treibt. Sie offenbart den Schmerz der Menschheit, erträgt standhaft
und duldsam den Tod geliebter Menschen, die Leiden und Entbehrungen der Armut. Die Maria Dolorosa in den Straßen des Südens zeugt von einer Ergebenheit in ein Schicksal, aus dem es
scheinbar kein Entrinnen gibt, das mit allen Schattenseiten de-
mutsvoll ertragen werden muß.

Nur schwer gelingt es, sich der emotionalen Kraft dieser Zeremo-
nie zu entziehen. Über der Prozession schwebt tiefe Wehmut. Die
Herzen der Teilnehmer scheinen von einer Bitte um Vergebung erfüllt zu sein; die Vergebung der Mitschuld am Tode Jesus, der auch
für ihre Sünden gekreuzigt wurde. Eine kollektive Schuld, die dazu
geführt hat, ein Leben mit all seinen Herausforderungen bestehen
zu müssen, einen Alltag, in dem man um sein Überleben kämpfen
muß, um dem Boden Nahrung abzupressen. Über Jahrhunderte
unterdrückt und ausgebeutet von anderen Völkern, den Feudalherren oder den Regierungen aus Neapel, Turin oder Rom, die mit-
leidslos ihren Anteil forderten, unabhängig von der Ernte, die auch
ohne diese Abgabe oft kaum ausreichte, die Mägen zu füllen.

Die Menschen folgen der Jesusfigur im gläsernen Sarg und seiner trauernden Mutter, die langsam durch die engen Straßen Montalbanos getragen werden. Die Stimmen der Frauen beklagen mit einer immer wiederkehrenden Melodie den Tod von Christus, der für alle Angehörigen, Eltern, Ehemänner, Söhne und Töchter steht, die sie jemals verloren haben. Sie beklagen die Ausweglosigkeit des Lebens, in dem nur der Tod sicher ist und der Glaube und die Hoffnung auf eine Wiedergeburt in einer besseren Welt.

In angemessenem Abstand folgen die Männer mit ihren kräftigen Stimmen, untermalt von den getragenen Klängen einiger Klarinetten, Flöten, Posaunen und Trompeten. Alle Töne verbinden sich zu einem tiefbewegendem Flehen, das vor der Kirche ihren Höhepunkt im gemeinsamen Gebet findet. Es scheint Energie zu spenden und die Hoffnung zu stärken, alles ertragen und den Tod bezwingen zu können. Bis in den späten Abend hinein zieht die Prozession immer fröhlicher klingend durch die Straßen, bis es Zeit wird, sich zum Essen mit der Familie zu versammeln.

Heute noch richten sich die meisten Bewohner der Basilicata nach den Fastenregeln. Nur am Freitag gibt es Fisch, vornehmlich den Stockfisch *Baccalá*, an Sonntagen ersetzen Eierspeisen das Fleisch. Doch am Karfreitag leitet ein üppiges Nachtmahl aus ver-

schiedenen fleischlosen Gerichten das Ende der Fastenzeit ein. In Montalbano bei Zia Anna und ihrem Ehemann Cosimo wartet ein reichgedeckter Tisch auf die Gäste. Neben den eingelegten Oliven und weißen säuerlich-salzigen Auberginenstreifen steht eine große Platte mit silbrigglänzenden Sardinen auf dem Tisch. Fangfrisch hat Zia Anna sie mit reichlich Zitronensaft beträufelt und leicht gesalzen, mit Pfeffer und Petersilienblättern nachgewürzt. Der Zitronensaft mariniert die Fische nicht nur, sondern kocht sie quasi gar. Völlig selbstverständlich teilen sich Männer und Frauen die Rollen der Gastgeber. Die Männer sitzen an der wandseitigen Hälfte des Tisches, sorgen als Mundschenk für immer gefüllte Weingläser und unterhalten

die Gäste. Die Stühle der Frauen sind von der Küche her leicht erreichbar. Gedünstete, mit Brot und Knoblauch gefüllte kleine Tintenfische in Tomatensauce ersetzen an diesem Abend die *Pasta*. Diese außergewöhnliche Art der Zubereitung schmeckt unvergleichlich köstlich. Die Platten leeren sich in Lichtgeschwindigkeit. Doch damit nicht genug der Fischvariationen.

Calamari ripieni bilden nur den Auftakt zu dem Zwischengang. Es sind bei Zia Anna in Mehl panierte und anschließend in Pflanzenöl frittierte Sardinen. In der Küche bereiten andere Frauen in der Zwischenzeit *Loup de Mer* für den Backofen vor, bestreuen sie mit Salz und Pfeffer, geben ein paar Blätter Petersilie und ein klein wenig Knoblauch hinzu und decken das Backblech mit Alufolie ab. Während die Fische langsam im eigenen Saft garen, werden im Eßzimmer in Olivenöl, Wein und Knoblauch gekochte Muscheln und herbfrischer Salat serviert. Die Feinschmeckerregel, nur Weißwein zum Fisch zu kredenzen, wird in der Basilicata konsequent mißachtet. Der traditionsbewußte Lukaner betrachtet Weißwein als eine Art minderwertiges Produkt, das nur in Ausnahmen genießbar sein kann. Nur der im eigenen Keller gekelterte Rote schmeckt wirklich. Da weiß man, wo die Traube herkommt, und es ist garantiert, daß auch übermäßiger Genuß keine Nachwirkungen hinterläßt. Wunderbarerweise schmeckt der rote Hauswein auch zur Dorade, die den Abschluß des Hauptgangs bildet. Doch die Pause bis zum Dessert ist nur kurz. Nach frischem Obst und cremegefüllten Windbeuteln hilft nur noch der selbstgebrannte Zitronenschnaps *Limoncello* und ein starker Espresso den Gästen auf die Beine. Die Frauen der Familie sind beim Abschied bereits in der fortgeschrittenen Planung des heiligen Ostermenüs.

Im «Luna Rossa» in Terranova

Terranova Ein Besuch des Restaurants «Luna Rossa» in Terranova im Landschaftsschutzgebiet rund um den Pollino ist ein Genuß. Der Blick von der Terrasse ins Tal auf die umliegende Berglandschaft mit den mächtigen schneebedeckten Gipfeln ist einzigartig. Doch nicht die Aussicht hat das Lokal von Federico Valincenti weit über die Landesgrenzen hinaus bekanntgemacht. Im «Luna Rossa» wird die traditionelle Küche Lukaniens gepflegt, inspiriert von den Produkten der Region, der Gastronomie der Antike, Banketten des Mittelalters oder der Renaissance und der religiösen Festessen der Päpste. Wer mit dem Auto, einem Mountainbike, zu Pferde oder in Wanderschuhen den Pollino erkundet, kann seinen Aufenthalt mit einer kulinarischen Reise durch vergangene Epochen bereichern.

An den Wänden im Speisesaal hängen dichtgedrängt Auszeichnungen, Kritiken italienischer und internationaler Zeitschriften und Zeitungen, Fotos namhafter Gäste, Diplome und wieder Auszeichnungen. Alle loben die hervorragende Küche des Federico Valincenti, der seit seiner Rückkehr in die Basilicata die mündlich überlieferten Familienrezepte der Region sammelt. Auch er gehörte zu den jungen Leuten, die im Norden ihre Zukunft suchten. Während seiner Lehr- und Wanderjahre in renommierten Restaurants der Großstädte besann er sich auf die Tradition seiner heimatlichen Küche und erfüllte sich in Terranova seinen Traum, die einfache Küche der Basilicata salonfähig werden zu lassen.

Federico Valincenti zeigt bei der Zubereitung der Speisen Phantasie und Experimentierfreude, um den Geschmack so zu verfeinern, daß eine Erinnerung an den Duft der Vergangenheit wachgerufen wird. Besonderen Wert legt er darauf, daß alle Zutaten zu den lokalen Spezialitäten zählen: Honig aus dem Pollino, Erdbeeren aus Metaponto, Paprika aus Senise, Orangen aus Tursi. Jedes Gericht und jede Menüfolge umrankt eine Anekdote. Da gibt es einen Linseneintopf mit frischen Schweinewürsten, den Papst Pius II., der zwischen 1458 und 1464 das Oberhaupt der katholischen Kirche war, besonders schätzte. Die klerikalen Speisefolgen enthalten einen Lammbraten nach Bonifazius VIII. aus dem dreizehnten Jahrhundert und sogar ein Rezept, das von Jesus Christus höchstpersönlich kreiert worden sein soll, um seinem Jünger Petrus eine Lektion zu erteilen: Eine Art *Ravioli* mit Lammfleischfüllung in einer Brühe aus Gemüse und Weißwein.

Eine besondere Spezialität ist die *Pasta* aus vier verschiedenen Mehlsorten, die *Mischiglio*. Federico Valincenti erklärt sie zu einem Gericht, das Italien schon vor der offiziellen Einigung zusammenbrachte. Die Mehlsorten stammen aus der Grafschaft Chiaromonte und der Marquisate Calvera, Fardella und Teana. Jeweils der gleiche Anteil von Kichererbsenmehl, Saubohnenmehl, Hartweizenmehl und Gerstenmehl wurde mit der entsprechenden Menge Flüssigkeit zu einem Teig geknetet. Ursprünglich war es alleine Wasser, doch wer es sich leisten kann, nimmt nur Eier oder mischt beide Zutaten.

Als in Italien die Tomaten noch unbekannt waren, würzte ein in Olivenöl geschwenktes Lorbeerblatt, ein kräftiger Ziegenkäse und getrockneter Paprika dieses klassische Nudelgericht. Heute werden *Mischiglio* in einem *Sugo* aus frischen Cherrytomaten gereicht, die mit einer kleinen Frühlingszwiebel und einer Knoblauchzehe in Olivenöl geschmort sind. Geblieben dagegen ist die Krönung durch den frischen, geriebenen *Cacciaricotta*, einen besonders milden Ziegenkäse. Ein Essen der Armen ist im «Luna Rossa» zur gastronomischen Spezialität gewachsen. Das geröstete Weißbrot, belegt mit sehr dünnen Zucchinistreifen und überbacken mit einem Hauch *Cacciaricotta*, regt als kleine Vorspeise den Appetit an, ergänzt von verschiedenen Schinken und Wurstsorten, Bohnenmus und einer pikanten Suppe aus Steinpilzen mit Trüffelaroma.

Im Pollino-Gebirge

Im Pollino-Gebirge Die Lukaner sind stolz auf ihre Heimat mit ihrer einzigartigen, wilden Berglandschaft. Berühmt ist das Gebiet rund um Rotondella, einer aus den Tälern der Flüsse Agri und Sinni aufragenden Bergspitze, die von allen Himmelsrichtungen aus weithin sichtbar ist. Rund um die Bergspitze liegt eine Stadt aus dem Mittelalter, gebaut aus Steinen, die bereits die Griechen in der Zeit des trojanischen Krieges für ihre Siedlungen behauen haben. Die Region um Rotondella ist ein Paradies für Archäologen. Überall an den Berghängen lassen sich die Überreste griechischer Ansiedlungen und Festungen finden. Unbeachtet von der Weltöffentlichkeit, überwuchert hier die Natur die Zeichen der hellenistischen Kultur, ohne jemals von der Wissenschaft erforscht worden zu sein.

Touristen verirren sich nur selten in dieses Gebiet, das direkt an Kalabrien grenzt und zum Teil noch zum Landschaftsschutzgebiet des Pollino gehört. Nur vereinzelte Häuser, vor denen ein Auto steht, zeugen von Bewohnern in einer Landschaft, die dem Auge in sanften Farben einen unbeschreiblichen Eindruck von Weite, Endlosigkeit und Ruhe vermittelt. Der Blick kann absichtslos schweifen über sattgrüne Wiesen, gesprenkelt von zartlila und gelben Blüten der *Cicoria* und der *Cimarelle*, dem hellen Frühlingsgrün der Eichenwälder, die an den Berghängen fest verwurzelt sind. Die Flüsse Agri und Sinni glitzern wie Paillettenbänder in der Sonne. Bei klarer Sicht sind alle Orte in der weiteren Umgebung erkennbar, bis nach Nova Siri, Metaponto und Taranto im Südosten oder

In Gesellschaft von Mario Dimatteo

Valsinni im nordwestlichen Bergland. Die Nase erfreut sich an der frischen Luft, die eine salzige Brise des Meeres erahnen läßt, das in der Ferne in der Sonne glitzert.

Besucher werden zunächst neugierig beäugt, doch die unvergleichliche Gastfreundschaft dieser Region und der Stolz auf ihr Land machen den Kontakt leicht. Wer das Glück hat und auf Mario Dimatteo trifft, den ehemaligen Bürgermeister von Rotondella, erfährt mehr über die Kultur und Geschichte des Gebietes, als sich in Geschichtsbüchern und Reiseliteratur jemals finden läßt. Dabei ist es kein verklärter Blick in die Vergangenheit und auf die Gegenwart, sondern der kritische Blick eines Lehrers und engagierten linken Politikers, der die Entwicklung seines Landes verfolgt und sich für dessen Zukunft mitverantwortlich sieht.

Auch ohne Fülırung können entdeckungsfreudige Reisende diese Landschaft erfahren, erwandern und genießen. Wie Adlerhorste kleben kleine Ortschaften auf den Bergspitzen, umgeben von Eichenwäldern. Vor allem im Sommer mildert die Höhenlage die Sonnenhitze, und das moosige Gras im Schatten der Bäume lädt zum Verweilen bei einem Picknick ein. Versteckt liegende Gasthöfe lassen sich finden, in denen die Hausherrin alle Speisen frisch aus den Zutaten bereitet, die sie im Garten anbaut. Im Herbst wird gejagt, und die Frauen in der Küche zaubern aus dem abgehangenen Fleisch der erlegten Wildschweine köstliche Saucen für hausgemachte Nudeln oder Ragout. Die Männer servieren riesige Platten mit verschiedenen Salamisorten, Schinken und geräuchertem Speck. Dazu gibt es frische Saubohnen, die direkt am Tisch aus der Schale gedrückt werden. Zusammen mit dem leicht gesäuerten goldgelben Brot und dem selbstgekelterten Rotwein des Wirts läßt sich hier leicht die Zeit vergessen. Sogar die dicken Scheiben des geräucherten Nackenspecks werden zu einer Delikatesse.

Nicht entgehen lassen sollte man sich den frischen Ziegenkäse, der mit Orangenhonig beträufelt serviert wird. Diese naturbelassene süße Köstlichkeit ist der ganze Stolz der vielen Imker in dieser Bergregion. Sie fachsimpeln über die besten Methoden, den reinsten Honig aus den Blüten der Orangen, der Akazien, aus Thymian oder Rosmarin zu gewinnen. Schelmisch fragen sie die Gäste, wie sich wohl die unterschiedlichen Honigsorten in den Waben erkennen lassen. Die Antwort ist überraschend einfach. Die Biene selbst sortiert ihre Blütenlese in die einzelnen Waben und verschließt sie dann. Das geschulte Auge des Imkers unterscheidet die Honigsorten an der Farbe.

Die Lukaner haben ihren eigenen Kopf, warten ab und besinnen sich auf ihre Stärken, wenn es um die Weiterentwicklung ihres Landes geht. Diese Besonnenheit findet ihren Ausdruck im sogenannten Agritourismus. Es gibt keine Hotelburgen, in denen die Gäste über zwei, drei Wochen eingepfercht leben, ohne jemals die Herberge zu verlassen. In der Basilicata finden Individualisten eine Ursprünglichkeit, die in Europa heute kaum noch existiert. Anders als an der Riviera liegen die endlosen, menschenleeren Sandstrände des Ionico meist einige Kilometer vom Ortskern entfernt. Es gibt nur wenige Stellen, die zu einem Abendspaziergang auf einer belebten Strandpromenade einladen, wo man zwischen Aperitif, Bummel und Abendessen den Meeresblick genießen kann. Vereinzelt gelegene ehemalige Bauernkaten liegen versteckt inmitten der Obstanbaugebiete oder der Weideflächen. Sie wurden liebevoll restauriert und ausgebaut zu Gästehäusern mit einer kleinen, komplett ausgestatteten Küche und Wohnräumen. Besonders in der Gegend von Metaponto lassen sich einige weiträumige, großzügig gestaltete Anlagen finden, die allen Komfort bieten – abgeschieden gelegene Häuser am Rande eines Olivenhains, versorgt mit den Produkten eines nahen Gutes.

Kulinarische Spezialitäten der Basilicata

«Rosmarin, Flachs wachsen überall und wo man der Bienenzucht nur einige geringe Aufmerksamkeit schenkt, gewinnt man guten Honig. Medicinal- und Färbepflanzen gibt es hier in großer Anzahl. Mit antiskorbutischen, anthelminthischen, adstringirenden, diuretischen, narkotischen, schweißtreibenden, stärkenden, auflösenden usw. Kräutern treiben die sogenannten Erbajuoli einen wichtigen Handel; mit Koriander, Anis und Fenchel, welcher besonders gut gedeiht, wird ebenfalls Geld gewonnen. Der Garten- und Gemüsebau hat sich in den letzten Jahren durch die Bemühungen der agrarischen ökonomischen Gesellschaften etwas mehr ausgebreitet und man findet jetzt auch im Basilicat Blumenkohl, Lattig, Broccoli, Spargel, Cicoria, Artischocken, Pomidori, Kürbisse aller Art, Gurken, Rüben, Pastinaken, Kohlrüben, Zwiebeln, Knoblauch, Borretsch, Sauerampfer, Selleri, Melonen, Peperoni … Obst gedeiht gut; die Pfirsiche und Percoche von Montalbano sind berühmt; ebenso die Feigen von Tursi, die Winteräpfel und Birnen von Carbone und Trecchina, die Orangen und Limonen von Rocca-Imperiale.» (Carl Wilhelm Schnars, 1859)

Genauso vielseitig wie die Landschaft Lukaniens ist auch die Auswahl der Produkte dieser Region. Hügel und Berge, Wälder und Täler, Flüsse, Seen und die Küstenregionen am Mittelmeer bieten nicht nur dem Auge Abwechslung, sondern auch dem Gaumen. Die Basilicata legt Wert auf Tradition und beweist sie in der Qualität ihrer Produkte. Von alters her sind die Lukaner ein Volk der Bauern und Hirten. Sie haben in der zweiten Hälfte des letzten Jahrhunderts ihre traditionellen Anbauweisen zwar intensiviert und um moderne Methoden ergänzt, aber Qualität, Geschmack und Aroma blieben unverändert. Heute wirbt die Region mit hochwertigem Olivenöl, biologischen Qualitätsweinen und Likören, würzigen Käsesorten und ökologischen Wurstwaren aus den Bergregionen. In den aufgeforsteten Wäldern wachsen Steinpilze, aromatische Trüffel, Kräuter und Beeren. Ausgeklügelte Bewässerungssysteme im Landesinneren ermöglichen teilweise zwei Ernten und liefern ein reiches Angebot verschiedener Hülsenfrüchte, zahlreicher Obst- und Gemüsesorten: Orangen aus Tursi, Erdbeeren aus dem Metapontino, Paprika aus Senise. Bienenstöcke in der naturgeschützten Berglandschaft des Pollino produzieren Honig aus den Blüten der Akazien, Linden und Kastanien oder des Löwenzahns.

Die Erzeugnisse der Basilicata spiegeln die einfache aber einfallsreiche Ernährung der Selbstversorger wieder, deren Rezepte heute in Familienbetrieben für eine größere Produktion umgesetzt werden. Das gilt für die geschälten Tomaten in Dosen genauso wie für eingelegte Auberginen, Artischocken oder Oliven. Meist sind es Frauen, die in der Erntesaison die Gemüse und Früchte sammeln, für die Weiterverarbeitung vorbereiten und selbstverständlich auch für alle Zubereitungsschritte verantwortlich sind bis hin zum geschmacklich ausgewogenen Endprodukt. Hier fließen die hausfraulichen Erfahrungen mit den traditionellen Rezepten der Region ein und prägen den Geschmack. Fast alle Plantagen oder Aziendas sind Familienbetriebe, in denen mehrere Generationen miteinander arbeiten, unterstützt von festen Mitarbeitern, saisonal aufgestockt mit bewährten Erntehelfern.

Die Lukaner haben sich von der Modeerscheinung der Monokulturen nicht beeindrucken lassen. Sie setzen auf Vielfalt und Abwechslung. Im Grunde pflegen sie den klassischen Nutzgarten in großem Stil, überwiegend biologisch. Zu jeder Jahreszeit steht ein anderes Produkt im Mittel-

Bauernhaus in der Basilicata

punkt. Im März und April sind es vornehmlich Erdbeeren und
Spargel, dann kommen Bohnen, Kirschen, Aprikosen, Pfirsiche,
Blumenkohl, Auberginen, Zucchini, Oliven, Trauben. Von November
bis Februar werden Orangen, Artischocken und Fenchel geerntet
und weiterverarbeitet. Achtzig Prozent der Ernte gehen ins Ausland,
der Rest wird im Norden Italiens oder vor Ort verkauft. In
Europa zählen Deutschland und Dänemark zu den Hauptabnehmern.
Die blauen Kisten oder Banderolen mit roter Aufschrift, gefüllt
mit Erdbeeren, Spargel, Salat oder Pilzen und anderen Obst-
und Gemüsesorten, sind in ausgesuchten Läden oder Supermärkten
in Frankfurt, Hamburg und Berlin zu finden.

Die Viehwirtschaft sorgt für Molkereiprodukte, die Milch der
Kühe bleibt vornehmlich in der Region, der Käse aus der Milch der
Büffel, Schafe und Ziegen wird zu köstlichen Käsesorten weiterverarbeitet,
von denen etliche jede Woche ihren Weg in die Küche
lukanischer Lokale oder die Kühltheken italienischer Feinkostläden
in Europa finden. Über das Internet bestellt – beispielsweise
bei soleeluna.net – kommen ausgewählte Produkte sogar direkt ins
Haus. Die Qualität ist erstklassig, moderne Logistik und gut organisierte
Vertriebsstrukturen garantieren Frische. Der Preis der biologischen
Produkte ist auf Grund der langjährigen konsequenten
Umstellung auf ökologische Anbaumethoden, die inzwischen
selbstverständlich sind, nur unwesentlich höher. Nicht zufällig haben
die Anbaubetriebe so malerische Namen wie Frutthera, die angelehnt
sind an Hera, die Göttin des Wachstums auf den Feldern
oder auch Giardini della Dea, die Gärten der Göttin.

Brot
Das Heiligtum Lukaniens

«… unterdessen legte die Witwe das Brot auf den Tisch und stellte
den Wasserkrug hin. Es war das hiesige schwarze Brot aus grob-

körnigem Weizen in großen Laiben von drei oder
fünf Kilogramm, die für eine Woche ausreichen
und fast die einzige Nahrung der Armen wie der
Reichen darstellen: rund wie die Sonne oder wie
ein mexikanischer Ziegelstein. Ich fing an, es in
Scheiben zu schneiden mit der nun schon ge-
wohnten Gebärde, indem ich es faßte, gegen die
Brust drückte und mit dem scharfen Messer auf
mich zu schnitt, wobei ich acht gab, mir nicht das Kinn zu verletzen.» (Carlo Levi, um 1935)

Noch befremdet von der Lebensweise in seinem Exil, dem einsam
gelegenen Bergdorf Aliano, beschreibt der an pulsierendes Turiner
Großstadtleben gewöhnte Carlo Levi in seinem Buch «Christus
kam nur bis Eboli» seine ersten Erfahrungen mit dem traditionellen Grundnahrungsmittel der Basilicata, die bereits wenige Tage
nach seiner Ankunft zu einem Ritual geworden sind.

Das Brot ist in der Basilicata das Fundament aller Mahlzeiten.
Das Backen eines Brotes wird auch heute noch als heiliges Ritual
und raffinierte Kunst betrachtet. Nicht nur wegen seiner langen
Haltbarkeit reicht der Ruf des Brotes von Matera weit über die italienischen Grenzen hinaus. Sein Duft, sein Geschmack, die feste
Konsistenz seiner Kruste und die lockere Weichheit seines Innenle-
bens erobern die Sinne und lassen erahnen, warum in früheren
Zeiten der Duft frischgebackenen Brotes im Haus ein Gefühl von
Geborgenheit, Wärme und Wohlstand vermittelte. Neben den riesigen wagenradförmigen Laiben gibt es eine Vielzahl anderer Formen und Größen. Etwa ein Kilo wiegende Rhomben und Ovale
mit diagonalen Einkerbungen decken den durchschnittlichen Ta-
gesbedarf an frischem Brot einer süditalienischen Familie. Doch
natürlich gibt es auch runde überdimensionale Brötchen für eine
nahrhafte Zwischenmahlzeit oder dünne, festgebackene und mit

Hirten mit Ziegen und Schafen

Fenchel und Anis gewürzte Kringel als Knusperei zwischendurch oder auf der Zunge zerschmelzendes Gebäck aus Kartoffelstärke.

Brot ist seit jeher das Hauptnahrungsmittel der Bauern und Hirten in der Basilicata. Warme Mahlzeiten waren eher die Ausnahme. Holz war wertvoll, mußte in den Eichenwäldern mühselig gesammelt und über weite Strecken getragen werden. Zwar gibt es in einigen Dörfern seitlich ans Haus gemauerte Steinöfen, aber gekocht wurde auf einer kleinen Feuerstelle. Aus Holzmangel wurde häufig ein Backofen von den Nachbarn gemeinschaftlich genutzt oder manchmal auch ein großer Steinofen professionell betrieben und gegen einen Tauschwert zur Benutzung freigegeben. Am festgelegten Backtag kamen die Frauen aus der Umgebung schon bei Tagesanbruch ins Dorf und trugen ihren vorher zubereiteten Brotteig in riesigen, sorgfältig abgedeckten Körben auf dem Kopf zum Backplatz. Für sein perfektes Gelingen hat jede Frau ihr Geheimnis.

Hefeteig ist empfindlich und wetterfühlig. Wie ein lebendiger Organismus, so die Überlieferung, braucht er je nach Jahreszeit, Mondzyklus und Witterungsverhältnissen mehr oder weniger Wasser und Hefe, muß er kräftiger durchgearbeitet werden oder länger ruhen, um aufzugehen. An manchen Tagen sollte er darüberhinaus sogar nur in eine Richtung gewalkt werden, damit viele *bucchi*, also langgezogene Bläschen entstehen. Es heißt: Der Teig muß sich so

Vor einem Steinofen

weich anfühlen wie die Brüste einer Frau, die schon viele Kinder genährt hat. Die Kruste des frischen Brotes indessen wird fest und brüchig wie ein verwitterter Stein, von dem bei starkem Druck scharfe Splitter abplatzen. Das Innere jedoch bleibt nachgiebig, feucht und locker, krumig wie fruchtbarer Ackerboden.

Am Backtag pflegten die Frauen der Basilicata ein feierliches Ritual. Der Ofen wurde zunächst mit Reisig und Holz gefüllt und eingeheizt, bis er überall gleichmäßig erhitzt war. Dann die Glut zur Ofentür hin zusammengeschoben und das Innere von der Asche gereinigt. Zuerst kam die flache, pizzaähnliche *Focaccia* in den Ofen, um die Temperatur zu prüfen. Dann, in hierarchisch festgelegter Reihenfolge, schoben die Frauen ihre bis zu fünf Kilo schweren Brotlaibe mit flachen Schaufeln in den Ofen und warteten darauf, daß sie hoch aufgingen und die Kruste gleichmäßig braun und fest austrocknete.

Ursprünglich wurde dieses frisch aus dem Ofen gezogene Brot nicht sofort angeschnitten und verzehrt. Die Kruste war zu hart, und außerdem hätte es die Haltbarkeit beeinträchtigt. Nach ein bis

Angela Matarrese bereitet die Pizza mit Speckwürfeln zu

zwei Tagen wird sie langsam zäh, und erst dann ist der Zeitpunkt gekommen, es in großen Scheiben zu essen. Ausgehöhlt, mit eingelegten Paprika oder Auberginen gefüllt, mal einfach mit Olivenöl und Knoblauch gewürzt oder mit einigen Blättern der scharfen Feldrauke belegt, wurde es zum Frühstück, als Mittagsmahl auf dem Feld und beim Abendessen verzehrt.

Am Backtag selber kam die *Focaccia*, in Öl gebackene Brotfladen, auf den Tisch. Ein backblechfüllender Rest des Brotteigs wurde entweder nur mit Öl und Salz gewürzt, mit gerösteten Speckwürfeln bestreut oder so kreativ belegt, wie heutzutage eine Pizza, mal schlicht mit Tomatensauce, dann wieder mit hauchdünnen Kartoffelscheiben, Gemüse oder Käse.

Aus den letzten Teigresten in den Schüsseln entstand eine Zwischenmahlzeit für die Bäckerinnen und ihre Kinder. Mit dem durchfeuchteten Hartweizenmehl zu einer festen Masse verknetet, ausgerollt, mit Gemüseresten belegt und zusammengeklappt, wurden sie in der Resthitze des Ofens zu *Panzerotti* gebacken.

71

Pasta
Der Luxus im Alltag

Weit über die Landesgrenzen bekannt und beliebt sind die Produk-
te aus Hartweizenmehl. Der unverwechselbare Geschmack der *La-*
gane, Orecchiette, Fusilli, Cavatelli, Strascinati wird
der Qualität des Hartweizenmehls zugeschrieben,
das vornehmlich aus der Region um Matera stammt.
Ein klassisches italienisches Menü rankt sich um die
Pasta. Ihre Form und ihre geschmackliche Darbie-
tung bestimmen sowohl die *Antipasti* als auch die als
Secondi folgenden Hauptspeisen. Früher war in der
Basilicata die Pasta ein Luxus, der nur an wenigen
Tagen auf den Teller kam. Wann fand eine Bäuerin schon Zeit, sich
über Stunden an den Tisch zu stellen, um die Nudeln aus dem Teig
zu formen. Wann gab es genügend Brennholz, um sie in kochendem
Wasser zu garen – und war überhaupt genug Mehl im Haus?

Traditionell wurde der Nudelteig natürlich nicht mit den Walzen
der modernen Pastamaschine ausgerollt, sondern mit einem langen Nudelholz oder einem Besenstiel zu einem hauchdünnen Fladen gerollt, den ein Windhauch vom Tisch abheben könnte. und
dann entsprechend weitergeformt. Für *Lagane* beispielsweise wird
der Fladen der Länge nach gefaltet und dann in etwa zwei Zentimeter breite Streifen geschnitten. Das so entstandene Teignest ein
wenig auflockern und mit Hartweizenmehl vor dem Zusammenkleben schützen. Das Ergebnis schmeckt unvergleichbar gut.

An den handgezogenen spaghettiähnlichen Gebilden sollten sich
nur Menschen versuchen, die bereits einige Erfahrungen mit
selbstgesponnener Wolle haben, deren Fäden in virtuos ausgeführ-
ten Handbewegungen zu einem Strang geschlungen werden. Nur,
daß hier die Fäden aus Pastateig bestehen und dementsprechend
leicht reißen. Eine unendlich lange Teigschlange liegt erst wie Ka-
belgewirr auf dem Holzbrett, das sich mit blitzschnellen Fingerbe-
wegungen zu einem geordneten Strang wandelt, der wieder und
wieder mit Hartweizenmehl bestreut, gedehnt und nochmals geschlungen wird, bis er zu einem dicken Strang eines Endloss-
spaghetti geworden ist, das sich in beliebig lange Stücke teilen läßt.

Im Pollino-Gebirge

Für die *Strascinati* werden die Teigstückchen auf einem geriffelten Holzbrett zu etwa handlangen Röllchen geformt. Einer lukanischen Legende nach läßt sich anhand der veränderten Form der *Strascinati* in kochendem Salzwasser das Geschlecht eines ungeborenen Kindes bestimmen.

Bei den *Cavatelli* pressen die Fingerspitzen von Zeige-, Mittel- und Ringfinger ein kleines Teigstück flach. Nach einer kleinen festen Drehung im Uhrzeigersinn entsteht ein porös wirkendes, ungleichmäßig geformtes Oval, das sich zur Mitte hin verjüngt.

Eine verfeinerte Variante der alltäglichen *Cavatelli* sind die *Orecchiette*. Ausgangspunkt ist eine kleine runde Teigscheibe, die mit einem rund zulaufenden Buttermesser unter leichtem Druck von Zeige- und Mittelfinger flacher und breiter wird. Bei diesem Schritt wölbt sich die Mitte schalenförmig nach unten, die Ränder bleiben leicht verdickt. Optimalerweise paßt diese Form genau über den Daumen, über den sie jetzt einmal mit der Öffnung nach oben aufgesetzt und anschließend über die Daumenspitze gestülpt werden. Ebenso wie die *Fusilli*, die zu einer maccaro-  niähnlichen Spirale geformt werden, eignen sie sich hervorragend für Saucen und Ragout. Doch auch zusammen mit Gemüse oder Meeresfrüchten in einem Topf gekocht, sind sie eine Delikatesse.

Zu Hülsenfrüchten passen die *Lagane* am besten.

Oliven
Das flüssige Gold der Basilicata

«Der Hausherr hatte mich benachrichtigt, daß ich oft durch das Geräusch der Ölpresse gestört werden würde, die sich unter meinen Zimmern befand; der Eingang war vom Garten aus durch ein  Seitentürchen neben den Stufen, die ins Haus führten. Die Presse sollte auch Nachts arbeiten, hatte er mir gesagt. Wenn der alte Mühlstein, der von einem im Kreis laufenden Esel mit verbundenen Augen bewegt wurde, sich drehte, zitterte das Haus, und ein fortwährendes Dröhnen tönte durch den Fußboden. Doch die Olivenernte war in diesem Jahr so kümmerlich, daß die Presse im ganzen nur ein oder zwei Tage arbeitete und dann still und stumm wie vorher blieb.» (Carlo Levi, um 1935)

Ausgeklügelte, moderne Bewässerungsanlagen tragen heute dazu bei, daß auch die Olivenbäume immer mit ausreichend Wasser versorgt sind. Durch extreme Trockenheit hervorgerufene Mißernten sind selten geworden, bei denen nur wenige, fast verdörrte Früchte an den knorrigen, alten Bäumen wachsen. In der Basilicata werden schon seit der Zeit der trojanischen Kriege Oliven angebaut, als die Griechen auch diese Region besetzten. Die Qualität ist erstklassig, aber außerhalb der Basilicata ist das lukanische Öl bisher leider kaum erhältlich. Die Erträge der äußerst mineralhaltigen Böden decken gerade den hohen Eigenbedarf, denn das Öl ist immer schon die Grundlage aller Mahlzeiten gewesen. Die biologische Anbauweise und die Pflanzensorten zielen zudem auf Klasse statt Masse. Kulinarisch verwöhnte Besucher können reines Olivenöl aus der ersten mechanischen Kaltpressung – gefiltert oder ungefiltert – ab November und Dezember direkt bei einigen Ölmühlen erstehen. Erst seit kurzer Zeit ist die Region bemüht, ihr hochwertiges Öl auch im Ausland anzubieten. Einfacher erhältlich sind die in Olivenöl eingelegten Gaumengenüsse: die Basilicata ist bekannt für ihre in Öl konservierte Salami oder die getrockneten Tomaten, Artischockenherzen oder Auberginen – *Sotto olio*.

Im gesamten Mittelmeerraum wächst der Olivenbaum, dieser mythenumrankte Baum. Im Schnabel einer Taube kündet einer seiner Zweige vom Ende der Sintflut, die Cherubinstatuen und die Portale zum Tempel Salomon wurden aus dem Holz wilder Olivenbäume geschnitzt und Jesus mit dem Öl der Früchte gesalbt. Nachweisbar ist, daß die Pflanze seit über sechstausend Jahren kultiviert wird, zunächst von den Syrern, später von den Griechen. Doch wann genau der Olivenbaum seinen Weg nach Italien findet, läßt sich heute nicht mehr feststellen: Brachten ihn die Phönizier über den Apennin oder fanden ihn die Römer in den Siedlungen der *Magna graeca*? Ausgrabungen scheinen zu beweisen, daß rund sechshundert Jahre vor Christus der Olivenbaum von Griechenland über Süditalien Einzug hielt und mit ihm auch die ersten *mola oliaria*, Ölmühlen. Zwei mit einer Achse verbundene zylinderförmige Steine waren an einem Drehbolzen befestigt, mit dem die Zylinder über einem Gefäß mit frischgepflückten Oliven in Bewegung gesetzt werden konnten. Der Abstand der Zylinder zum Gefäß ließ sich beliebig wählen und der Größe der Früchte anpassen, um die Kerne nicht zu zerquetschen. Dieses hochwertige Öl aus der ersten Pressung diente ausschließlich der Verfeinerung der Speisen. Für die zweite und dritte Pressung werden die Oliven mit heißem Wasser übergossen und eingeweicht. Das Öl setzt sich an der Oberfläche ab, das Wasser wurde über einen Hahn abgelassen. Diese minderwertigere Qualität wurde damals nur in der Kosmetik oder Körperpflege und als Lampenöl benutzt.

Selbstverständlich werden auch die Früchte des Olivenbaumes frisch oder konserviert verzehrt. Schon in der Antike beschrieb der römische Senator Cato, auf welche Art grüne oder schwarze, ganze oder zerkleinerte Oliven haltbar gemacht werden können. Denn seinerzeit gehörten eingelegte Oliven als Proviant zur Grundausrüstung römischer und griechischer Soldaten.

Der Olivenbaum ist anspruchslos, widerstandsfähig und langlebig. Es lassen sich jahrhundertealte Bäume finden, die immer noch Früchte tragen. Über hundert Kilo Oliven reifen jährlich an den Zweigen eines ausgewachsenen Baumes. Im September und Oktober, kurz bevor die Früchte vollständig ausgereift sind, beginnt die Ernte. Dies war schon immer eine Arbeit der Frauen und Kinder.

Sie schüttelten die Äste mit langen Stangen, sammelten im Wettstreit miteinander die Früchte unter den Bäumen auf und transportierten sie auf dem schnellsten Weg zur nächsten Ölmühle. Die restlichen Oliven an den Zweigen blieben für die Armen. Heute fangen große, feinmaschige Netze die herunterfallenden Früchte auf. Die Weiterverarbeitung erfolgt mit modernen mechanischen Methoden, doch nach dem traditionellen Verfahren.

Längst steht die Produktion von Olivenöl unter staatlicher und europäischer Aufsicht. Die italienische Regierung kontrolliert und schützt die Güte des Öls mit einer strengen Gesetzgebung, um Qualitätsstandards zu sichern und natürlich auch um in Europa konkurrenzfähig zu bleiben. Fast achthundert Millionen Liter Olivenöl jährlich erbringen die Früchte von beinahe zweihundert Millionen Bäumen, die in Italien wachsen. Die Geschmacksunterschiede sind beträchtlich, nicht nur durch den Grad der Pressung. Der Boden der verschiedenen Regionen prägt den Geschmack. Das Öl aus dem Norden gilt als leicht, schmeckt etwas süßlich und hat wenig Säure. Das in Deutschland meist gebräuchliche Öl aus der Toskana ist robuster, würzig und vollmundig. Je weiter südlich die Bäume wachsen, um so kräftiger, fettreicher und säurehaltiger wird die Qualität des Öls.

Die Olivenhaine der Basilicata sind die ältesten in Italien. Die über Jahrtausende gesammelte Erfahrung der Bauern mit den Früchten prägen den Geschmack ihrer Produkte. Olivenöl fehlt in kaum einem Rezept. In einem Olivenöl zweiter Pressung schmoren Knoblauch und Zwiebeln oder getrocknete Paprikaschoten und Brotkrumen. *Olio extra Vergine* steht auf dem Tisch und gibt einer Suppe, dem Saubohnenpüree, der Pasta oder den Salaten die letzte

Würze. Dieses Öl ist schwer und dunkelgrün, einige kleine Fruchtstücke schwimmen darin. Sein Geschmack ist intensiv und kräftig. Mit einer Prise Salz und Pfeffer zu frischgebackenem Brot probiert, macht es den Gaumen so süchtig nach mehr, daß eine anschließende Vorspeise kaum noch Platz im Magen findet.

Alte Ölmühle

Vino della casa
Der Beginn neuer Zeiten

«Geweihte rote Frucht, dunkelrot wie das Blut, das in den Adern pulsiert. Rote Leidenschaft von Männern und Frauen, die in diesen tausendjährigen Gegenden gelebt und geliebt haben und gestorben sind. Gegenden, die sich mit der Zeit verändern und doch gleichgeblieben sind wie der Wein, der aus den Fässern fließt. Geweihte Frucht, die bezaubert und benebelt. Sie heißt Aglianico und ihr Geschmack ist mächtig; er erinnert an den grenzenlosen Himmel des Südens, an endlos scheinende Sonnenuntergänge, an den Geruch von feuchter Erde, des Rauches von verbranntem Holz, der saftig gärenden Traube und der feuchten Weinkeller, die den zu entkorkenden jungen Wein verwahren. Und er spricht von jenem  Volk, daß das Verfließen der Jahreszeiten, die Falten und Mühe, die Gesänge, die Hoffnung und den Beginn neuer Zeiten gesehen und erzählt hat.»

Derart poetisch beschreibt Carmelo Formicola, ein Weinkenner aus Potenza, den Wein seiner Heimat. Er übertreibt nicht, die Lukaner können auf die Trauben der *Aglianico*-Reben stolz sein. Ihr vollmundiger Wein zählt nicht nur zu den besten der Region, sondern ganz Italiens, wenn nicht Europas. Vor allem im Gebiet um Melfi sind die Hügel von Weinkellern bedeckt, die schon vor Ewigkeiten in die Felsen eingehauen wurden.

Weinkenner und Händler sagen dem *Aglianico* eine große Zukunft voraus. Nicht nur der Wein der «Vinicola Martino» erreicht die heute so beliebte moderne, klassisch ausbalancierte Geschmacksnote. Der «Aglianico del Vulture» erhielt im Jahre 1971 das Gütesiegel D.O.C. – Denominazione di Origine Controllata. Der Lavaboden rund um den vor langer Zeit erloschenen Vulkan Monte Vulture im Norden der Basilicata, die Höhe des Anbaugebiets mit bis zu siebenhundert Metern und die Lagerung in Eichenfässern verleiht dem *Aglianico*wein seinen so geschätzten samtigen und harmonischen Geschmack mit leichter Säurebetonung und gut eingebetteten Tanninen. Sein Alkoholgehalt liegt zwischen 11,5 und 14 Grad, und er hat einen intensiven angenehmen Duft, der an frische Waldbeeren erinnert. Die ins Veilchenblau schimmernde rubin- oder granatrote Farbe verändert sich mit der Lagerung. Mit zunehmendem Alter entwickelt der Wein seine charakteristischen orangefarbenen Reflexe.

Die Rebsorte *Aglianico* wurde vor mehreren tausend Jahren von den Griechen in die Basilicata eingeführt und erlangte schnell grenzüberschreitende Berühmtheit. Schon bei den Römern war er als «Hellenico» beliebt. Ausgrabungen in der Umgebung von Melfi bezeugen, daß sie bereits im vierten Jahrhundert vor Christus den Rebstock ehrten, indem sie sein Abbild auf die Bronzemünzen der Herkunftsregion prägten. Sein Ruhm überdauerte das Römische Reich. Im Mittelalter wurde er am Hofe von Friedrich II. kredenzt. Dieser bezog seinen Wein aus den griechischen Rebstöcken der Antike – inzwischen «Ellenico» genannt – vom Scharfrichter Riccardo und genoß ihn zu Fasanen, Hasen und anderen Wildgerichten ebenso wie zu Feldkräutern und den wunderbar kräftigschmeckenden Käsesorten. Federico II. liebte die kulinarischen Genüsse der Region. Seine raffinierten Gastmahle in seiner Sommerresidenz in Lagopesole waren ein beliebter Treffpunkt von Musikern, Astrologen und Romanciers. Er schwärmte vor seinen Gästen: «Es ist offensichtlich, daß der Gott der Juden diese Natur und dieses Land nicht kannte, denn sonst hätte er seinem Volk nicht Palästina als Gelobtes Land versprochen.»

Im Laufe des fünfzehnten Jahrhunderts, während der aragonischen Herrschaft, verändert sich der Name des Traditionsweins erneut. Am Hofe des Königs von Neapel wird der *Aglianico* gerühmt und bevorzugt zu allen deftigen Gerichten getrunken. Die Qualität des Weins hat die Zeit überdauert. Die Weinbauern keltern ihn auf die bewährte überlieferte Weise und lagern ihn wohltemperiert in Eichenfässern. In der Gegend um Aceranza wird sogar ein Weißwein, der «Chiaro di Aceranza», aus den *Aglianico*-Trauben hergestellt. Zur Weinlese stampfen zwar inzwischen keine Frauenfüße mehr unter Gelächter, Musik und Gesängen den Saft aus den Trauben, aber bis auf wenige arbeitserleichternde mechanische Hilfs-

mittel ist bei den Weinen aus der Basilicata grundsätzlich absolute Reinheit garantiert.

Wer einen Liter roten *Aglianico* mit einem Teelöffel Rosmarin, zehn Nelken und einer halben Stange Zimt eine gute Viertelstunde kochen läßt, anschließend filtert und noch einhundert Gramm Honig aus tausend Wildblüten aus dem Pollino darin auflöst und dieses Getränk auf Zimmertemperatur abkühlen läßt, serviert seinen Gästen *Ambrosia*, das Getränk der Götter. Mit dieser Spezialität verwöhnt das Restaurant «Luna Rossa» in Terranova seine Gäste zum Dessert.

Doch nicht nur *Aglianico*-Trauben wachsen in Lukanien. So abwechslungsreich seine Landschaften sind, so vielfältig sind auch die Rebensorten, meist aus biologischem Anbau. Zwischen Olivenhainen, Erdbeerfeldern, Pfirsich- oder Aprikosenbäumen und Orangenplantagen erstrecken sich immer wieder kleinere und größere Felder, auf denen Weinstöcke wachsen. Immer wieder finden sich an den Landstraßen Hinweisschilder, die zu Verkaufsstellen von hausgemachtem Wein, frischem Obst und Trüffeln führen. Jeder Weinbauer schwört auf sein Produkt, und der beeindruckte Gaumen des Besuchers stellt fest, daß ihn nicht Übertreibung, sondern Sachkenntnis und Qualität verwöhnen.

In den Ebenen der Küstengebiete werden vornehmlich die roten und weißen *Greco*-Trauben angebaut. Aus den weißen *Greco*-Trauben, die ebenfalls bereits in der Antike in der Region wuchsen, ent-

steht ein leichter Weißwein von heller strohgelber Farbe mit einem trockenen, harmonischen Geschmack. Er eignet sich hervorragend als Aperitif oder zu Reis- und Fischgerichten. Doch auch die leichten, fruchtigtrockenen Weißweine der Rebstöcke *Asprino, Malvasia* und *Pinot Bianco* aus den höhergelegenen Anbaugebieten sind sehr empfehlenswert. Die roten Trauben des *Greco, Merlot* oder *Cabernet* beispielsweise aus dem sonnigen Hügelland um Nova Siri ergeben einen tiefroten, im Geschmack beständigen kräftigen Wein, der hervorragend zu Braten, Wildgerichten und Hartkäse paßt.

Vor der «Azienda Frutthera» in der Nähe von Scanzano Ionico stehen etliche Wagen mit Nummernschildern aus Rom, Turin, Mailand oder Bologna. Der Kofferraum eines jeden geöffnet und bis auf den letzten Zentimeter ausgefüllt mit großen, bauchigen, zehn Liter fassenden Glasflaschen. Daneben steht jeweils ein geduldig wartender Mann. Der erste in der Schlange hebt seine leeren Krüge aus dem Auto, trägt sie zu den riesigen Fässern der Abfüllanlage und sieht zu, wie ein Angestellter seine acht Krüge mit dem roten Wein der *Greco*-Trauben füllt. Der Vorrat soll bis zum nächsten Besuch reichen, und der Wein von «Frutthera» kommt im Geschmack dem selbstgekelterten noch am nächsten und läßt sich auch über weitere Strecken transportieren, ohne an Qualität zu verlieren. Zweitausendfünfhundert Hektoliter Wein werden hier jährlich gekeltert, in riesigen gleichmäßig temperierten Hallen gelagert und in gut dreihunderttausend Flaschen abgefüllt. Darunter auch ein geringer Anteil des Spitzenweins *Aglianico*, der größere Teil des sogenannten «Vigna Alta» entweder aus den Tauben des *Greco, Merlot* oder *Cabernet* wird in aller Welt verkauft und sind eine gelungene Alternative zu den französischen Spitzenweinen. Der «Vigna Alta» aus der roten *Merlot*traube ist ein perfekt ausbalancierter klassischer Rotwein und wird von Gästen spontan zu ihrem neuen Lieb-

lingswein gekürt. Den weißen *Greco* loben sie
für seine feine mineralische Struktur, sein ausge-
wogenes Bouquet mit einem zarten Duft nach
Stachelbeeren, der sich zu Pfirsichtönen verwandelt, wenn der Wein wärmer wird.

In den Supermärkten des Südens oder in den
vielen Landgasthöfen und Trattorien wird allerdings kaum Flaschenwein angeboten. Kaum ein
Bewohner, der keine Verwandten oder Freunde
mit Weinbergen hat oder bewährte Weinbauern
kennt, von denen sie ihren Jahresvorrat bezie-
hen können. Die Mehrzahl der Männer besitzt
eine einfache Anlage im Keller, um die frischen
Trauben zu pressen und zu keltern. In ihrer *Cantina* produzieren
sie vorzugsweise Rotwein, der für sie die einzig wahre Seele des
Landes verkörpert. Einige wenige schätzen aber auch den süffig-
fruchtigen Geschmack des leichten Weißen als Appetitanreger.

Zur Erntezeit kauft der Hausherr mindestens dreihundert Kilo
Trauben, aus denen sich mehr als zweihundert Liter Wein gewinnen lassen. In einer Art überdimensionalen Badewanne preßt er
die zerkleinerten Trauben mit einer mechanischen Stampfvorrich-
tung aus und filtert die so entstandene Flüssigkeit in einen riesigen
Behälter um. Nach etwa einer Woche ist der Saft fermentiert und
kann auf seine zukünftige Stärke hin kontrolliert werden. Ein Tag
weniger oder mehr hat entscheidenden Einfluß auf den Alkohol-
grad und den Zuckeranteil des Endprodukts. Hier zeigt sich die Erfahrung und das Geschick des Winzers, und es wird auch deutlich,
warum der Hauswein in jeder Familie anders schmeckt, obwohl
nur eine Traubensorte gepreßt wurde. Jeder dieser Amateurwinzer
experimentiert mit Teilen des Mostes und kreiert verschiedene Geschmacksrichtungen aus seinem Traubenvorrat, um ein genau auf
seinen Gaumen abgestimmtes Ergebnis zu erzielen.

Bis der erste servierfähige Wein fertig ist und in kleinen Flaschen
verkorkt werden kann, vergehen mindestens zwölf Wochen. Der so
produzierte Jahresbedarf schmeckt herrlich fruchtig und leicht.
Außerdem ist er sehr bekömmlich. Auch in größeren Mengen genossen, ist der Kopf am nächsten Morgen klar.

A' Muntagnola – Es gab so viel Liebe

Die folgenden Rezepte stammen von Angela Matarrese, «la Muntagnola», Patronin oder Zia, wie sie vom Personal, des gleichnamigen Berliner Restaurants respektvoll genannt wird. Inzwischen über sechzig, hält sie in der Küche die Fäden in der Hand. Sie ist immer in Bewegung, ihre Hände sind ständig beschäftigt mit der Zubereitung eines Teigs, dem Putzen von Gemüse, der Vorbereitung eines speziellen *Sugo*. Ohne Arbeit kann sie nicht sein. Ihr Herz schlägt für die Küche, die Familie und die Gäste.

Angela könnte eines der Kinder sein, die Carlo Levi beschrieb, als er in die Basilicata verbannt wurde. Geboren 1935, wächst sie in einem kleinen Dorf in den Bergen auf, in der Nähe von Metaponto. Ihr Lebensweg führt sie nach Berlin, der neuen Heimat ihrer beiden jüngeren Söhne Pino und Mimmo Bianco. Auch hier pflegt sie die dörfliche Tradition und zugleich die kulinarischen Spezialitäten ihrer Heimat und ihrer Vorfahren.

Angela hat drei Söhne. Der älteste lebt in Mailand, die beiden jüngeren in Berlin. Sie gehören zu den Menschen, die Carlo Levi als die Unternehmenden beschreibt: «Alle jungen einigermaßen tüchtigen Leute, auch die, die nur eben noch imstande sind, selbstständig ihr Fortkommen zu finden, verlassen die Heimat.» Diejenigen, die es sich eben leisten können oder es zu etwas gebracht haben, holen ihre Angehörigen, Freunde und Nachbarn nach. Die beiden in Berlin haben es geschafft. Jeder führt ein eigenes Restaurant, und beide werden von ihren Gästen weiterempfohlen. Nach über zehn Jahren ist die «Trattoria á Muntagnola» ein Geheimtip unter Künstlern und Politikern, die vor allem die zwanglose familiäre Atmosphäre schätzen, in der sie ungestört und freundlich umsorgt werden. Der jüngste Sohn Mimmo betreibt mit seinen Schwagern Lucio und Giovanni zwei Restaurants in Berlin-Mitte. In «Il Contadino

Angela mit Mutter und Bruder

sotto le Stelle» experimentiert er mit den traditionellen Zutaten seiner Heimat und kombiniert sie zu neuen ungewöhnlichen Kreationen. Die Pizza aus dem Steinofen der «La Rustica» gilt als eine der besten in der Stadt.

Angela Matarrese regiert uneingeschränkt über Herd und Backofen. In knappen Worten erklärt sie, was für die Speisen wichtig ist, während sie Saubohnen in kaltem Wasser aufsetzt, den Löwenzahn fachkundig an der Stelle abschneidet, an der keine bittere Milch mehr austritt. Jemand, der die Geheimnisse ihrer Kochkünste erfahren will, darf anfangs höchstens die Waschbecken reinigen. Eine große Ehre ist die Erlaubnis, manchmal die Saubohnen umrühren zu dürfen, damit sie zu einem Püree verkochen. Wer als Kochlehrling praktisches Geschick zeigt, darf bei der Zubereitung einer *Pasta* sogar schon das Fleisch mit den Zutaten mischen, die für eine *Lasagne alla Muntagnola* so typisch sind. Nebenbei gibt die Lehrmeisterin ein paar Tips, wie man am besten Brot bäckt und einen Teig für die Pasta knetet. Es gibt kaum eine größere Ehre als die nebenbei ausgesprochene Bemerkung: «Als Hilfsköchin ist sie nicht schlecht geeignet.» Aber solch ein Kompliment aus ihrem Mund befugt noch lange nicht zu den wirklich verantwortungsvollen Tätigkeiten, wie beispielsweise die Vorbereitung eines *Castrato alla Pastorale.*

Mit der Vorbereitung des Fleisches kann sie kaum aufhören und läßt sich nichts aus der Hand nehmen. Mit Entschlossenheit zerhackt sie eine halbe Heidschnucke auf einem hölzernen Haubock in faustgroße Teile und füllt damit zwei der größten Töpfe, die es in der Trattoria gibt. «Das wird heutzutage im Sommer draußen im Garten aus der Hand gegessen mit vielen Gästen», sagt sie mit einem Blick, der erahnen läßt, daß vor ihrem inneren Auge Bilder von längst vergangenen Familienfesten entstehen, bei denen sie sich selber mit kindlichem Vergnügen aus diesem großen Topf bedient hat.

«Muntagnola» ist lukanischer Dialekt und bedeutet «die Frau aus den Bergen». Es ist der Kosename von Angela Matarrese, mit dem sie ihr verstorbener Ehemann ansprach, als er sie in Scanzano zum ersten Mal sah. Die Familie Matarrese gehört zu denjenigen, die, gelockt von den verheißungsvollen Angeboten der Regierung,

Angela mit ihrem Mann, 1954

ihr Bergdorf verließen und in der ehemals malariaverseuchten Küstenregion ein neues Leben aufbauten. Gleich zehn andere Familien aus Cirigliano gingen mit. Auch in Scanzano blieben sie die direkten Nachbarn der Matarreses. Unter deren wachsamen Augen umwarb der zukünftige Bräutigam seine Liebe hartnäckig, überredete sogar den Postboten, ihn die Post zu der gerade achtzehnjährigen Angela und ihren Nachbarn bringen zu lassen. Er wollte sie täglich sehen. Die Aufnahme in die Familie schaffte er mit einem kleinen Trick. Schon nach zwei Wochen, an einem Sonntagvormittag, brachte er – angeblich im Auftrag seiner Familie – Angelas Vater ein frischgeschlachtetes Hühnchen als Geschenk. Nach weiteren zwei Wochen waren sie verlobt, drei Monate danach verheiratet. Anfang der fünfziger Jahre folgte sie ihm frischvermählt nach Montalbano, später dann wieder zurück nach Scanzano.

Inzwischen lebt Angela mehr als zehn Jahre in Berlin. Mit unauffälliger Präsenz bewegt sie sich in ihrer neuen Heimat, schlicht gekleidet, ungeschminkt, die weißen Haare im Nacken zusammengefaßt. Ihre Augen registrieren alles in ihrer Umgebung. Im Vorübergehen rückt sie hier ein Besteck auf den gedeckten Tischen der Trattoria gerade, zupft dort ein welkes Blatt von einer Pflanze, während sie gleichzeitig die Stammgäste begrüßt, die es als große Ehre betrachten, ein Lächeln, ein paar italienische Worte oder sogar eine Berührung von ihr zu empfangen, denn sie geht mit Worten und Gesten sparsam um. Sie ist bescheiden und betrachtet den Erfolg des Restaurants und ihres Sohnes mit skeptischen Blicken. Das Leben hat sie mißtrauisch werden lassen; sie weiß, daß Glück sich wenden kann und auf gute Zeiten auch Perioden des Mangels folgen können. Sie spart, wo sie nur kann, will vorsorgen und das Schicksal nicht durch Stolz, Verschwendung oder Übermut herausfordern. Doch in der Küche zeigt Angela Großzügigkeit. Sie freut sich über die reichhaltige Auswahl der Lebensmittel, die täglich frisch im Überfluß angeliefert werden, liebt es, ihre einzigartigen Füllungen verschwenderisch mit mildem Ricotta anzureichern oder mit dem frischgeriebenen Pecorino zu würzen, dem vertrauten Geschmack ihrer Heimat.

Geboren und aufgewachsen ist Angela in der Nähe von Stigliano, einem kleinen Bergdorf namens Cirigliano. Hoch auf einer Bergspitze stehen die schmalen Steinhäuser dicht an dicht in den engen steilen Gassen. An den Hängen unterhalb des Dorfes wachsen Olivenbäume, grasen Ziegen. Auch heute ist es noch ein Ort, in dem die Zeit stehengeblieben zu sein scheint. Die Stras-

Angela mit Pino in Cirigliano

sen sind menschenleer, die meisten Häuser verlassen. Über die Hälfte der Familien sind entweder an die Küste, in den Norden Italiens oder ins Ausland abgewandert. In Angelas Kindheit in der Tausend-Seelen-Gemeinde wurde Gemeinschaftssinn großgeschrieben. Das Leben war primitiv, aber Angela hat es nie als Mangel empfunden, daß es weder fließendes Wasser noch eine Kanalisation gab. Sie freute sich darüber, ihre Mutter beim täglichen Gang zum Brunnen begleiten zu dürfen. Dort schöpften die Frauen das Wasser in große Tonkrüge und transportierten es auf dem Kopf nach Hause.

Wer Angela erlebt, wenn sie ihren Geburtsort besucht, sieht plötzlich ein wendiges junges Mädchen, das sicheren Fußes über holpriges Pflaster eilt, freudestrahlend an den Türen ihrer alten Nachbarn und Freundinnen klopft und unermüdlich plaudernd in den ebenerdigen Wohnküchen verschwindet. Hier vergißt sie redend und lachend die Zeit. Viel zu selten und immer zu kurz hat sie Gelegenheit, in Cirigliano zu sein. Zwar ist der Weg nicht mehr beschwerlich, aber die Reise von Berlin lang und ein Nachmittag schnell vorbei.

Früher lag das Dorf abgeschieden von der Außenwelt und war nur mit dem Maulesel erreichbar. Die Straßen wurden erst in den

Zurück vom Feld

fünfziger Jahren ausgebaut, und damit kamen die ersten Motorrä-
der und Autos. Jetzt endlich konnten auch mit dem einmal täglich
verkehrenden Autobus die in benachbarten Ortschaften lebenden
Verwandten besucht werden. In der bäuerlichen Gemeinschaft gab
es kaum Geld. Die Lebensmittel für den alltäglichen Gebrauch wurden angebaut, die eine Hälfte der Erzeugnisse ging an den Grund-
besitzer, Überschüsse wurden gegen andere Produkte des täglichen
Bedarfs eingetauscht.

So wie alle Kinder im Dorf lernte auch Angela früh die Verrich-
tungen des Alltags und übernahm kleine Aufgaben. Das Futter für
Kaninchen und Hühner mußte gesammelt, das Schwein und die
Ziege versorgt werden. Sie ging der Mutter zur Hand, wenn sie im
Sommer Tomaten und Olivenöl in dicken Tontöpfen für den Winter haltbar machte oder im Winter das gemästete Schwein geschlachtet und sein Fleisch konserviert oder zu Salami verarbeitet
wurde. Gemeinsam bestellten die Familien ihre Felder und teilten
das Mittagsmahl mit den Nachbarn. Die Frauen trafen sich am
Backtag beim Steinofen des Dorfes, die Dorfkinder strahlten voller
Stolz, wenn sie endlich bei der Olivenernte helfen durften. Lebhaft
schildert sie das Vergnügen der Jüngsten, wenn sie im Wettstreit
möglichst schnell die reifen Früchte in Körbe füllten oder die Ziegen auf die Weide trieben. Doch diese Zeiten sind unwiederbring-
lich vorbei. Heute leben in Angelas Geburtsort kaum noch fünfhundert Menschen.

Das heute verfallene Bahnwärterhäuschen

Ob sie glücklich ist in Berlin? Diese Frage stellt sie sich nicht. Angela vergleicht das Leben hier mit dem in ihrer Heimat, den verschiedenen Orten, in die sie ihrem Mann gefolgt ist und dem Dorf, in dem sie geboren wurde. «Da gab es so viel Liebe», sagt sie mit leichter Wehmut in der Stimme. Angela folgte ihren Söhnen nach Deutschland in die Großstadt Berlin. Nach dem plötzlichen Tod ihres Mannes stand sie vor der Wahl, alleine mit ihrem jüngsten Sohn in Scanzano das Familienrestaurant weiterzuführen oder ihrem zweitältesten Sohn nach Berlin zu folgen, der dort gerade ein Restaurant eröffnete und seine Familie um sich haben wollte.

Für Angela gehören die ersten Jahre ihrer Ehe zur schönsten Zeit ihres Lebens, als sie noch Bahnwärterin in der Nähe von Montalbano war. Inzwischen ist auch dieses Haus verfallen, die Scheiben sind zerbrochen, Moos und Kräuter wachsen zwischen den Mauern, die Schienen sind abgebaut und nicht mehr zu sehen. Auch das nahe, auf einer Bergspitze gelegene Dorf Craco wird nicht mehr bewohnt, ebenso verlassen wie die vereinzelt liegenden Ruinen der Häuser, die früher die Streckenarbeiter beherbergten, als die Eisenbahnlinie noch die einzige regelmäßig verkehrende Verbindung zwischen den Bergen und dem Ionico war. Die Züge fuhren durch die Täler und um zum Bahnhof zu gelangen, mußte man erst den Berg hinab und auf der Heimfahrt wieder mühselig emporklettern. Der Ort Montalbano hat die Veränderungen und den Wegzug überlebt. Heute führen Straßen hinauf, und es verkehren regel-

mäßig Busse, doch das Tal und die umliegenden Hügel liegen wie
ausgestorben. Angela läßt die Vergangenheit wieder aufleben, wenn
sie sich an die Zeit erinnert, als sie mit ihrem Mann und ihren drei
kleinen Söhnen das zweigeschossige Steinhaus am Bahnübergang
bewohnte. In diesen Jahren war sie oft die einzige, die ein regel-
mäßiges Einkommen hatte. Ihr Mann schlug sich mit verschiedenen Gelegenheitsarbeiten durch und machte alles, was anfiel: be-
sohlte Schuhe, reparierte elektrische Anlagen und Gleise, verkaufte
bei Veranstaltungen Getränke oder mit Sirup gesüßtes, gefrorenes
Wasser, bis er Mitte der Sechziger in einer Fabrik zur Erdölweiter-
verarbeitung eine feste Anstellung fand.

Bis dahin bewährte sich Angelas Sparsamkeit und ihr unermüd-
licher Fleiß. Gleich hinter den Schienen, den Hang hinauf, er-
streckte sich ein großer Nutzgarten mit einem kleinen Stall. Hier
war sie wirklich unabhängig, hatte ihr eigenes kleines Einkommen
mit Rentenanspruch und ein Stück Land, auf dem sie Tomaten,
Zucchini und Zwiebeln oder Petersilie und andere Nahrungsmittel
des täglichen Bedarfs anbaute. Sie hielt eine Ziege für die Produktion von Milch und Käse, und ein Schwein, das geschlachtet Salami
und Geräuchertes lieferte. Ein paar Hühner sorgten für die wert-
vollen Eier, die im Winter gut gegen andere Lebensmittel oder nützliche Gegenstände getauscht werden konnten, die Kaninchen waren

ein vorzüglicher Braten an Festtagen. Das
größte Unglück in diesen Jahren war eine
große Schlange, die den gesamten Wurf von
fünf jungen Kaninchen innerhalb von Minuten verschlang.

Nur zweimal am Tag mußten die Schran-
ken geschlossen werden, denn es verkehrte
nur ein Zug auf dieser Strecke. So blieb ihr
viel Zeit für ihre Kinder und für ihre Leidenschaft, aus dem was sie anbaute, abwechslungsreich und schmackhaft zu kochen.

In den sechziger Jahren nach Scanzano um-
gezogen, fand sie ihre wahre Erfüllung. Gemeinsam mit der Familie eröffnete sie ihr er-
stes Restaurant. Nebenher betrieb sie später

In der Küche

noch eine Bar mit Tabakverkauf. Angela leitete die Küche, ihr Mann den Betrieb und ihre drei erwachsenen Söhne unterstützten beide bei den täglich anfallenden Arbeiten. Der plötzliche Tod ihres Mannes und der Wegzug ihrer beiden ältesten Söhne brachte Ende der achtziger Jahre eine neue Veränderung und einen weiteren Ortswechsel. Das Restaurant und das für die ganze Familie angelegte dreistöckige Haus in Scanzano steht fast das ganze Jahr über leer.

Seit 1991 bereitet Angela ruhig und gelassen in der Küche der Trattoria die Gerichte für den Abend vor, kontrolliert die großen begehbaren Kühl- und Vorratsschränke und mahnt die Angestellten, daß alle Lebensmittel zur rechten Zeit verbraucht werden. Unsauberkeit und Nachlässigkeiten bei der Zubereitung sind ihr ein Dorn im Auge. Die frischen Zutaten für die den Gästen angebotenen Speisen müssen in einer sauberen Küche selbstverständlich gut geputzt sein. Ein Aushilfskoch, der mit ungeschabten Möhren eine Gemüsebrühe kocht, erhält bei Angela nur schwer eine zweite Chance, sein Talent zu beweisen. Doch wehe er versucht dann noch, ihre bewährten und bei den Gästen beliebten Rezepte durch seine eigenen Kreationen abzuwandeln und ihnen eine andere Geschmacksrichtung zu geben!

Mit Sigrid Fontana

Angela achtet darauf, daß die Familientradition gewahrt bleibt. Morgens formt sie riesige Teigfladen zu kreisrunden Rädern und schiebt sie von einem Holzbrett schwungvoll in den Backofen. Sie schaut selten auf die Uhr. Mit sicherem Gespür und geschultem Geruchssinn erkennt sie den richtigen Moment, in dem das Brot im Ofen gedreht werden muß und während sich die Küche mit dem Duft des Brotes füllt, weiß sie genau, wann die Kruste fest und das Innere weich genug ist, um es am Abend zu servieren.

Angela genießt es, ihr Wissen weiterzugeben. Mit unendlicher Geduld zeigt sie wieder und wieder die Handbewegungen, mit der sich der Teig für die *Pasta* auch ohne Nudelmaschine hauchdünn ausrollen läßt. Wenn es nach ihr ginge, käme nur handgefertigte *Pasta* auf die Teller der Gäste, aber wer sollte diesen enormen Zeitaufwand bezahlen. Angela kümmert sich um die frische *Pasta*, mindestens sieben Kilo Teig sind es täglich. Diszipliniert und mit hingebungsvoller Geduld, fast meditativer Konzentration steht sie über Stunden und rollt mit der immer gleichen Handbewegung Unmengen langer dünner Teigschlangen, aus denen später *Gnocchi* oder *Orecchiette* werden, die bei den Gästen so beliebt sind. Sie redet wenig während sie arbeitet, konzentriert sich auf die Tätigkeit des Augenblicks, zelebriert die Zubereitung. Mit geübten gleichmäßigen Handbewegungen, die für Beobachter kaum nachvollziehbar sind, formt sie mit ihren Fingern und einem stumpfen Messer aus einem winzigen Teigstückchen unendliche Mengen der dünnen muschelförmigen Nudelspezialität, die gerade die Kuppe eines Daumens bedeckt.

Mit einem langen dünnen Holzstab werden aus den flachen *Tagliatelle* spiralförmige röhrenartige *Fusilli*, mit denen ein Vielfaches des köstlichen Sugos aufgenommen werden kann. Jedes einzelne Nudelband kommt unter den bemehlten Stab, der zunächst mit festem Druck der Finger beider Hände und dann der Handflächen über das schmale Teigstück gerollt wird, so daß es sich wie eine Röhre um ihn herumwickelt. Dieses feine, gelockte, an ein poröses *Maccaroni* erinnernde Gebilde wird dann mit einer kurzen Gegendrehung vorsichtig von dem Stab gelöst. Dreißig bis vierzig dieser Spiralen ergeben eine Portion *Pasta*, ein Kilo Mehl etwa zehn bis zwölf Portionen. Der Aufwand lohnt sich. *Fusilli* schmecken um ein vielfaches köstlicher als die *Tagliatelle*, obwohl nur oder gerade weil ein manueller Arbeitsschritt den Teig bereichert hat.

Auch die Reinigung der winzigen frischen Tintenfische, die anschließend in Mehl gewendet und frittiert werden, kann nur unter ihrem prüfenden Blick und kontrollierenden Handgriffen wirklich sorgsam geschehen. Beinahe niederschmetternd kommentiert sie die ersten Versuche, Pastateig zu den spiralförmigen, dünnen *Fusilli* zu verarbeiten: «Die können wir nur dem Personal anbieten.» Wirklich wütend wird sie nur, wenn Lebensmittel verschwendet werden. Mit unendlicher Geduld schneidet sie auch noch das kleinste Stückchen Fleisch vom Knochen, um es anschließend in eine ihrer unnachahmlichen Fleischsaucen zu verwandeln. An dieser oft langwierigen Feinarbeit ändern auch dauernde Proteste ihres Sohnes oder rechnerisch kalkulierte Zeit- und Kostenfaktoren nichts. Angelas unumstößliches Gesetz lautet: Alles, was einen Menschen ernährt und am Leben erhält, hat Respekt verdient und ist wertvoll. Lebensmittel sind als Geschenke der Natur eine Kostbarkeit!

Die traditionelle Küche der Basilicata kennt keine raffinierten, ausgeklügelten Kombinationen. Ihre Geheimnisse bestehen aus Fingerspitzengefühl, Erfahrung und Liebe zum Kochen. Die lukanische Küche kommt auch heute noch meist ohne Waage aus. Gemessen wird in Handvoll und in Prisen, in Stückzahlen, Tee- und Eßlöffeln. Deshalb: Wer die einzelnen Rezepte nachkocht, sollte sich nicht sklavisch an die angegebenen Gewichtangaben halten, sondern seine Phantasie und Kreativität spielen lassen, seinen Tastsinn schulen und den eigenen Geschmackssinn einbeziehen. Die Qualität und auch der Eigengeschmack von Gemüse und Früchten ist immer unterschiedlich. Wenn beispielsweise der Spinat sehr saftig oder der Ricotta ganz besonders frisch ist, reichen meist schon zwei mittelgroße Eier und eventuell noch ein Eigelb, um sie mit Brotkrumen, dem scharfen Pecorino oder Mehl zu der optimalen Konsistenz zu vermischen.

Das charakteristische Merkmal der lukanischen Gerichte ist die Großzügigkeit, die sich nicht nur in den reichhaltigen Portionen zeigt. Der vollmundige Geschmack rührt vom fast verschwenderischen, aber nie übermäßigen Gebrauch frischer Kräuter, Pinienkerne und Pecorino oder Parmesan sowie Pfeffer oder Salz. Auf die ausgewogene Mischung kommt es an. Niemals sollte ein Gewürz hervorstechen, vielmehr aus dem Hintergrund die Einzigartigkeit der anderen Zutaten hervorheben. Die Kunst liegt in ihrem harmonischen Zusammenspiel, damit der Eigengeschmack von Fleisch, Fisch oder Gemüse voll zur Wirkung kommt.

Das klingt schwieriger als es in der Küche ist. Oft reicht es schon, Salz oder Pfeffer nicht mit dem Streuer, sondern direkt mit den Fingerspitzen zu dosieren. Mit einer Prise sind nicht die wenigen Körner gemeint, die zwischen den Fingerspitzen von Daumen und Zeigefinger Halt finden. Alle fünf Finger greifen zu und streuen freigiebig. Die Löffel mit Pecorino oder Parmesan sind immer so gehäuft, daß er beinahe herunterrieselt. Auch lohnt es sich überhaupt nicht, mit Olivenöl oder Butter zu geizen. Niemand wird anschließend gezwungen, den Teller mit dem Brot blank zu polieren, um den Gaumen auch noch mit dem letzten Tropfen des *Sugo* zu verwöhnen. Ein weiterer Vorteil der Großzügigkeit: Die meisten Gerichte halten sich kühlgestellt über mehrere Tage oder lassen sich einfrieren. Das macht die Küche alla Muntagnola außerordentlich zeitökonomisch. Sie eignet sich hervorragend für die Vorratshaltung und für Gastgeber, die gerne mit ihren Gästen am Tisch plaudern wollen. Fast alle Speisen können schon am Tag vorher zubereitet werden und etliche schmecken erst dann richtig aromatisch, wenn die einzelnen Zutaten über Nacht ihre volle Würze entwickeln.

Pane – Rund ums Brot

Die Zutaten sind einfach, aber die Zubereitung erfordert besonderes Fingerspitzengefühl. Übung und Erfahrung bestimmen seinen Geschmack, seine Nachgiebigkeit und Festigkeit. Die Menge des Wassers bringt die entsprechende Weichheit. Die Finger sinken tief in den Teig ein. Er hat beinahe Körpertemperatur, fühlt sich feucht an, fast ölig. Er bleibt nicht an den Händen kleben, schlägt leicht Blasen, ist aber fest in der Konsistenz und reißt nicht. Er braucht Zeit. Am besten steht er über Nacht. Vielleicht kommt dann noch ein bißchen Wasser dazu. Wenn er aufgegangen ist, wird der Teig nicht mehr geknetet, sondern mit großzügigen Bewegungen in einem Bett aus Hartweizenmehl leicht von außen nach innen gewalkt, geformt und dann gebacken.

1 kg Mehl
600-700 ml Wasser
25 g frische Hefe
1-2 Eßlöffel Salz
Hartweizenmehl zum Auswalken

Die Hefe in einem halben Liter lauwarmen Wassers auflösen. Das Mehl in eine große Schüssel geben und in der Mitte vertiefen. Etwa die Hälfte des Wassers langsam einkneten, dann das Salz im Wasser auflösen und behutsam nach und nach zu dem Mehl geben, bis ein fester Kloß entstanden ist. Zuviel Wasser auf einmal läßt das

Mehl schnell klumpig werden. Diese kleinen grießigen Klumpen lassen sich auch mit intensivstem Kneten nicht mehr auflösen und führen dazu, daß der Teig nicht richtig aufgeht, weniger Blasen bildet und das Innere des Brotes schwer und fest wird. Den Teigkloß vom Schüsselboden lösen und diesen mit Hartweizenmehl ausstreuen, damit der Teig nicht anklebt. Mit einem feuchten Tuch abdecken und mindestens eine halbe Stunde ruhen oder über Nacht stehen lassen. Etwa 200 Milliliter Wasser bereitstellen und im nächsten Arbeitsschritt äußerst langsam und vorsichtig in den ausgeruhten Teig einarbeiten. Rundherum mit einer Handvoll Hartweizenmehl bestreuen und wieder eine gute halbe Stunde abgedeckt in einer Schüssel in einem Bett aus Hartweizenmehl ruhen lassen.

Die Arbeitsplatte mit Hartweizenmehl bestreuen, den Teig kurz darin walken und zu der gewünschten Brotform gestalten. Bei einem Kilo Mehl könnte das beispielsweise ein gewölbtes Oval sein oder ein flacher Kranz, mit einer kreisrunden Öffnung in der Mitte. Den Teig auf ein bemehltes Backblech geben.

Den Backofen auf 240 Grad vorheizen. Das Brot einschieben und zwischen vierzig und fünfzig Minuten backen. Das Brot ist fertig, wenn sich eine goldbraune, leicht poröse Kruste gebildet hat. Je nach Qualität des Backofens kann sich die Backzeit auch auf bis zu neunzig Minuten erhöhen. Bei unregelmäßiger Bräunung das Brot entsprechend drehen. Eventuell die Temperatur auf niedrigste Stufe zurückdrehen oder ausschalten, um das Brot weitere zehn bis fünfzehn Minuten nachtrocknen zu lassen. Beim Herausnehmen ist die Kruste knusprig hart und platzt erst bei starkem Druck. Das Innere dagegen fühlt sich so nachgiebig feucht und locker an wie fruchtbarer Lehmboden.

Abkühlen lassen, anschneiden und genießen.

Ciambottella Aus einem runden kompakten Brotlaib von etwa einem Kilo wurde ehemals eine *Ciambottella* zubereitet, die den Bauern und Hirten als Wegzehrung diente. Das zu füllende Brot wird einmal quer durchgeschnitten und die untere Hälfte ausgehöhlt. Nun werden eine Zwiebel, vier oder fünf Paprikaschoten, einige reife Tomaten, eine in Schmalz gut abgelagerte und zerkleinerte Salami in Olivenöl angeschmort und mit drei Eiern gebunden. Diese Masse kommt in die ausgehöhlte Brothälfte, wird mit der oberen abgedeckt und fertig ist eine leicht zu transportierende und herrlich würzig schmeckende Picknicküberraschung.

Focaccia Natürlich läßt sich aus dem nach dem gleichen Rezept zubereiteten Brotteig auch eine *Focaccia* backen. Hier wird der Brotteig als Fladen in einem mit reichlich Pflanzenöl ausgegossenen hochwandigen Backblech ausgebreitet, so daß der Teig fast darin schwimmt die Teigoberfläche wird ebenfalls eingeölt, und anschließend unterschiedlich belegt. Dabei sind der Phantasie keine Grenzen gesetzt: Olivenöl und Salz, vielleicht noch gewürzt mit einigen Knoblauchzehen, reichen für die einfachste Variante. In der Tomatenzeit kann es frischer Tomatensugo sein, angereichert mit etwas kleingehacktem Fleisch oder gerösteten Speck-

würfeln. Sie schmeckt auch mit Auberginenmus, Spinat, Gemüseresten, Käse, Salami, Kapern und Sardellen. Besonders schmackhaft ist die römische Art der *Focaccia*, belegt mit hauchdünnen, in Knoblauch, Rosmarin und Thymian marinierten Kartoffelscheiben.

Im vorgeheizten Backofen bei 200 Grad etwa fünfzehn Minuten bakken. Die fertige, noch heiße *Focaccia* aus der Backform auf eine dicke Lage Küchenkrepp schieben, damit das überschüssige Fett abtropfen kann. In gleichmäßige Quadrate schneiden, die mit zwei, drei Bissen aus der Hand gegessen werden können. *Focaccia* schmeckt auch kalt. Heutzutage wird handlich portionierte *Focaccia* in guten italienischen Restaurants als Appetithappen gereicht, während die Gäste noch die Speisekarte studieren, oder sie gehört zur Vielfalt eines süditalienischen Büffets.

In den Hügeln bei Corleto-Perticara

In früheren Zeiten war die *Focaccia* eine feierliche Abwechslung am Backtag und ein Symbol des Reichtums, dessen würziger Duft die Speisekammer füllte. Der feierliche Charakter dieses Essens wird gepflegt. Wer heute neben seiner Wohnung noch ein Stück Land mit einer Kate und einem Steinofen in dem hügeligen Hinterland des Ionischen Meeres besitzt, nutzt jede Gelegenheit, um mit Verwandten und Freunden an den Wochenenden Selbstgebackenes zu schmausen. Der gemeinsame Osterausflug, die traditionelle *Pasquetta*, eröffnet mit *Focaccia* aus dem Steinofen oder gegrilltem Fleisch vom Lagerfeuer die Picknick-Saison.

Pasquetta mit Focaccia   Ostern zählt zu den großen Familienfesten, und schon Tage vorher sind sämtliche Flüge, Zugplätze und Buslinien in alle Städte Italiens überbucht, denn jeder auswärts arbeitende Italiener will mit seiner Familie feiern. Die Entfernung spielt dabei keine Rolle. Ab Karfreitag wird reihum der Tisch gedeckt und mündet am Ostermontag im Höhepunkt der kulinarischen Orgie, der *Pasquetta*.

Angelas Familie trifft sich an diesem Tag bei Zia Immacolata und ihrem Ehemann Carlo, die in der Nähe von Nova Siri ein altes, laubenähnliches Haus mit Gartenland in den Hügeln besitzen. Am Morgen bewegt sich eine Autokarawane in Richtung des Treffpunkts. Jeder Wagen voll beladen mit Menschen und Nahrungsmittelvorräten, die eine mehrwöchige Belagerung überstehen lassen könnten. Weitab von der schmalen, geteerten Straße führen steinige, nur noch zu Fuß oder mit dem Motorrad passierbare steile Feldwege zu der einsam inmitten grüner Wiesen gelegenen Hütte am Hang.

Sofort nach der Ankunft schleppen alle die prallgefüllten Plastiktüten, riesigen Weinkrüge, abgedeckten Körbe und Schüsseln vom Kofferraum der Autos in die provisorische Küche der Hütte. Die Männer schwärmen aus und sammeln Holz und Reisig, um das Feuer im Steinofen einzuheizen, während die jüngeren Frauen den überdachten, schattigen und windgeschützten Platz hinter der Hütte vorbereiten, wo später weit über zwanzig Personen sitzen werden. Aus unterschiedlichen Verschlägen tauchen immer mehr Tische, Böcke und Platten auf, die zu einer überdimensionalen Tafel zusammengebaut und mit weißen Tischtüchern gedeckt werden. Wäscheklammern schützen sie vor dem Wegfliegen und kurz danach auch mit Steinen beschwerte Serviettenstapel.

Die Kinder bringen Becher, Stühle und Hocker herbei, toben herum, spielen Ball oder schauen zu, wie das Holz angezündet wird. Das Feuer brennt. Nach getaner Arbeit  stehen die Männer rauchend und redend vor dem Ofen. Die Frauen filtern den selbstgekelterten Rotwein aus den schweren Krügen in kleinere Flaschen um, füllen die ersten Becher und bald stehen die Männer und trinken und reden und rauchen und reden. Sie überwachen das Feuer, probieren von der würzigen, feingeschnittenen Salami und den eingelegten Oliven, die ihren Weg aus der Küche nach draußen gefunden haben.

Die Hausherrin führt in der Küche Regie über die Speisefolge. Alle anderen Frauen arbeiten ihr zu. Sie sind ein eingespieltes, festerprobtes Team, in dem jede ohne viele Worte selbstverständlich ihre Rolle einnimmt. Wenn der Steinofen heiß genug ist, wird dort die *Focaccia* gebacken, die das Menü der *Pasquetta* eröffnet, später dann Brot, noch eine *Pasta al Forno* und selbstverständlich auch das Fleisch zum Hauptgang. Jetzt lüftet sich auch das Geheimnis des riesigen Waschbottichs, der mit einem festen Laken abgedeckt

war. Sieben Kilo Mehl sind hier zu einem überdimensionalen Hefeteig gewachsen, der sich hoch über den Rand wölbt. Sämtliche
Arbeitsflächen in dem kleinen Raum sind unter großen, mit Weizenmehl bestreuten Holzbrettern versteckt. Die Hausherrin formt
mit geübten Griffen den weichen Teig zu kinderballgroßen Kugeln,
die sofort wieder unter Stofftüchern verschwinden.

An einem improvisierten Arbeitstisch vor dem Kücheneingang
schneiden die anderen Frauen verschiedene Salami- und Käsesorten in Scheiben, öffnen Einmachgläser mit eingelegten Paprikaschoten, Tomaten, Oliven und Sardellen, richten sie auf Platten
und Tellern an und tragen sie zum Tisch. Währenddessen fachsimpeln die Männer, ob die Steine heiß genug sind, die optimale Temperatur für die *Focaccia* erreicht ist und übermitteln energisch den
Stand der Dinge in die Küche. Dort läßt sich inzwischen auf den
Arbeitsflächen kein freies Plätzchen mehr finden, das nicht mit
Teigkugeln oder an Pizza erinnernde runde Fladen bedeckt ist. Die
Hausherrin ist noch mit dem Brot beschäftigt. Sorgsam walkt sie
einige größere Teigkugeln zu Laiben, die sie bis zu ihrem großen
Auftritt liebevoll mit sauberen weichen Leinentüchern umhüllt,
dann auf einem extra bereitgelegten Schaffell auf dem Sofa mit einer Wolldecke abdeckt, damit kein Lufthauch dem Teig schadet.
Nun kommt die *Focaccia* an die Reihe. Auf Fladen wird zunächst
großzügig Öl verteilt. Jetzt finden auch Teller mit Salamischeiben,
gerösteten Speckwürfeln und grobgehackte Käsestücke ihren Weg
in die Küche. Die Köchin verteilt die Speckwürfel großzügig über
einigen eingeölten Fladen und drückt sie noch in den Teig hinein.
Diese Grundlage verzögert die Wirkung des Rotweins, der übrigens, egal in welcher Menge genossen, keinen schweren Kopf ver-
ursacht. Andere *Focaccie* erhalten einen Belag aus einer Mischung
von Gorgonzola, Pecorino, Mozzarella und Provolone oder einen
von Tomaten und Sardellen oder sie werden mit Salami und Mozzarella gefüllt und zusammengeklappt.

Auch draußen nähern sich die Vorbereitungen ihrem ersten
Höhepunkt. Durfte vorher schon einmal Angela ein Stück Holz in
den Ofen schieben und den Stand des Feuers kommentieren, ist ab
sofort die Überwachung der Glut reine Männersache. Die Back-
fläche im Ofen mißt bald zwei Meter im Quadrat und ist jetzt mit

einer dicken Glutschicht bedeckt. Mit einer Schaufel schiebt der Hausherr unter ratgebenden Kommentaren und Verbesserungsvorschlägen seiner Geschlechtsgenossen die Glut zu einem Wall vor der Ofenklappe zusammen. Gerade niedrig genug, um die mit einer flachen *Focaccia* gefüllte Schaufel darüber zu reichen. Mit einem wassergetränkten Feudel wischt er das Innere des Ofens aus, damit später keine Reste der Holzkohle und Asche am Boden der *Focaccia* kleben bleiben und den Genuß schmälern.

Dann kommt der mit Spannung erwartete Moment. Pünktlich um eins trägt die Hausherrin voller Stolz und unter gespanntem Applaus das erste mit Teigfladen beladene Holzbrett zu dem eilig freigeräumten Tisch vor der Hütte. Feierlich übernimmt der Hausherr die Regie, schiebt die Backschaufel unter den ersten Fladen, hebt sie mit schwungvoller Bewegung über die Köpfe der kreischenden Kinder und sich duckenden Erwachsenen hinweg zum Ofen und läßt die *Focaccia* geschickt hinter dem Glutwall verschwinden. Als er nach wenigen Minuten die Ofenklappe schließt, liegen acht bis zehn dieser tellergroßen Vorspeisen nebeneinander.

Hoch aufgegangen und goldbraungebrannt verlassen die ersten mit geröstetem Speck belegten *Focaccie* den Ofen. Mit einer Geflügelschere zu handgerechten Stücken zerteilt und auf großen Tellern angerichtet, kommen sie auf den Tisch. Wer dort noch keinen Platz eingenommen hat, bedient sich schon am Arbeitstisch und stillt auf der Suche nach einem Platz bereits den ersten Hunger.

Warten auf den nächsten Gang

Irgendwann sitzen alle Gäste am Tisch, außer dem Hausherrn, der Hausherrin und ihren ständig beschäftigten Helferinnen, die im Stehen zwischen Küche, Arbeitstisch und Ofen einige Stücke essen. Bis die letzte Fuhre *Focaccia* fertig ist, füllen sie ohne Pause die Platten neu auf und bringen sie wieder und wieder zum Tisch. Jeder Gast muß zumindest einmal alle Varianten durchprobiert haben, und es ist kaum vorstellbar, daß dies nur eine kleine, warme Vorspeise sein sollte.

Dem Magen ist nun eine kurze Pause gegönnt. Die Kinder toben herum, die Erwachsenen gehen spazieren. Einige mit Körben, Hacke und Spaten ausgerüstete Frauen ziehen los, um wilde Zwiebeln und frischen Löwenzahn auszugraben. Andere suchen sich einen sonnigen Platz im Gras der nahegelegenen Wiese und halten Siesta, während die Hausfrau langsam die *Pasta al Forno*, eine mit Fleisch, Schinken und Käse gefüllte *Lasagne* für den Ofen vorbereitet. Ihre Gehilfinnen füllen indessen Wein nach, räumen Unmen-

gen von verbrauchten Bechern und Papptellern ab und bestücken den Tisch neu. Kurze Zeit später lockt der Ruf: «La Pasta è pronta» – die Lasagne ist fertig – die in der Landschaft verstreuten Gäste zurück an die Tafel.

Hungrig kann eigentlich niemand mehr sein, aber von zwei mit Schichtnudeln hochgefüllten Auflaufformen im Umfang von Backblechen bleibt kaum etwas übrig. Doch damit nicht genug. Ohne nennenswerte Pause geht es weiter. Unendliche Fleischmengen, mariniert mit Knoblauch, Petersilie und Majoran finden ihren Weg vom Ofen auf den Tisch. Dazu gibt es frischen Salat, und auch der Inhalt eines dritten Weinkruges neigt sich seinem Ende zu.

Die Hausfrau wurde den ganzen Tag nicht am Tisch gesehen. Zia Immacolata war auf den Beinen und überzeugte sich nur bei kurzen Stippvisiten, daß alles glatt läuft. Sie hat alles unter Kontrolle, ist voll in ihrem Element und glücklich, weil alle Gäste zufrieden und so satt sind, daß kaum noch ein Salatblatt in ihrem Bauch Platz finden kann. Aber sie ist sicher, daß ein Dessert noch dazwischenrutschen kann – und sie behält recht: Von der riesigen Käsetorte und dem Osterbiskuit bleiben nur noch Krümel übrig. Kaffee, Grappa und Zitronenschnaps erleichtern die Verdauung, während die Frauen anfangen, langsam wieder Ordnung zu schaffen. Die Stühle und Tische verschwinden im Schuppen. Die Essensreste werden verstaut, der Müll zusammengekehrt. Die ersten Gäste brechen auf zu einem letzten Spaziergang über Feldwege zurück zum Auto. Es soll unterwegs bereits wieder Gespräche darüber gegeben haben, welches Süppchen zu Hause den Abschluß des Tages krönen könnte. Nach der *Pasquetta* fällt das sonst übliche mehrgängige Abendessen aus.

Pane cotto   Die lukanische Brotsuppe zählt wohl zu den ältesten und beliebtesten Speisen. Schnell zubereitet, war sie die erste feste Nahrung italienischer Säuglinge, bevor sie von Breiflocken oder Fertigmenus im Glas verdrängt wurde. Natürlich ist die Suppe für Kinder weniger scharf gewürzt. Das Brot wird mit der Gabel zu einem Brei zerdrückt, aber auch hier fehlen in der Brühe weder Olivenöl, Knoblauchzehe, Tomate, Petersilie und Salz. Nicht zuletzt, weil Italiens Mütter auf Knoblauch als Heilmittel für ihre Kinder schwören.

Die Pane cotto für die Erwachsenen hat viel unterschiedliche Geschmacksrichtungen, über die sich jungvermählte Bräute mit den

Frauen in ihrer angeheirateten Familie trefflich streiten konnten, wie ein Dialog zwischen Concetta und ihrer Schwiegermutter Theresa aus Raffaele Nigros Buch «Feuer am Basento» belegt: «Mutter Theresa sagte: ‹Für die Brotsuppe nimmst Du einen Tropfen Öl. Zwei Peperoncini und drei Knoblauchzehen, dann gießt du den Sud über das gut durchgebackene Brot in den Topf. Könnt ihr in Rocchetta denn nicht einmal Brotsuppe kochen?› Hier gerieten zwei Arten zu kochen aneinander, und eine Welt lag dazwischen, obwohl sie sich gar nicht so sehr unterschieden: beide beschränkten sich auf wenige Zutaten – Gemüse, wilde Kräuter, Mais, Feigensoße, Wasser und Weizen.»

In einigen Gebieten verbreitet ist aber auch eine Brühe aus Staudensellerie, Zwiebeln, Petersilie und Kartoffeln, in der Eier pochierten, bevor sie über das Brot gegossen wurden. Die toskanische Variante bevorzugt Tomaten als Hauptbestandteil der Brühe und verzichtet auf Eier. Die *Pane cotto alla Muntagnola* dagegen erinnert geschmacklich ein wenig an eine Zwiebelsuppe:

8 Scheiben Weißbrot
8 Eier
1 mittelgroße Zwiebel
1 kleine scharfe rote Pfefferschote
1 l Gemüse- oder Fleischbrühe
Olivenöl, Salz, Pfeffer
Petersilie
geriebener Pecorino oder Parmesan zum Bestreuen

Die Zwiebel in Ringe zerschneiden und in einer hochwandigen Pfanne in Olivenöl andünsten. Die zerkleinerte Pfefferschote hinzufügen und mit Brühe aufgießen. Mit Salz und Pfeffer würzen und etwa fünf Minuten kochen lassen. Die Weißbrotscheiben toasten oder im Ofen rösten. Nacheinander die Eier in die siedende Flüssigkeit geben und darin pochieren, bis das Eiweiß fest geworden ist. Pro Portion zwei Scheiben Brot in einen Suppenteller geben, vorsichtig je zwei der pochierten Eier darauflegen, mit Brühe auffüllen und einige Blätter Petersilie darübergeben. Je nach Geschmack mit Pecorino oder Parmesan bestreuen.

Strangolapreti (Erwürgter Pfaffe) Diese Spinat-Brot-Bällchen sind in allen Regionen Italiens bekannt – und jede erhebt Anspruch auf die Urheberrechte. Ob sie in dem Gebiet um Triest oder im tiefen Süden ihren Ursprung hat, ist historisch nicht nachweisbar. Michael Süthold belegt in seiner Dissertation die genaue Herkunft. 1517 werden *Strangolapreti* erstmals in einem Dokument erwähnt. In Neapel wurden sie am Nikolaustag bei einem Festessen zu Ehren Bonne Sforzas als Beilage zu einem Wildgericht gereicht. Schriftlich wird ihre Zubereitung erstmals Anfang des sechzehnten Jahrhunderts in einer Rezeptsammlung festgehalten, dem «Manoscritto Lucano», das in der Nationalbibliothek von Neapel einzusehen ist. Dieses frühe handschriftliche Kochbuch war für Praktiker bestimmt und wurde vermutlich von dem Feudalherren Giovanni Vincenzo Carafa in Auftrag gegeben. Damals bestand der Teig der *Strangolapreti* noch aus Käse, Eiern, Mandeln und Rosenwasser, der in Brühe gegart und anschließend mit frischem Büffelkäse bestreut wurde. Darüber dann eine dicke Schicht aus Zimt und Zucker.

Wer heute in einem Restaurant in Italien *Strangolapreti* bestellt, dem kann auch eine Art süßes Omelette serviert werden oder eine Variation der als *Gnocchi* bekannten Kartoffelbällchen. Für die werden mehlige Pellkartoffeln zerstampft und einige Minuten auf einem Backblech im Ofen getrocknet. Anschließend werden sie mit Parmesan, Mehl und Ei zu einem Teig verarbeitet, der sich leicht von den Fingern lösen läßt. Dann die Masse in gut daumendicke Rollen formen, mit dem Messer etwa ein Zentimeter breite Bällchen abteilen und in kochendem Salzwasser garen, bis sie oben schwimmen. *Gnocchi* werden in kaltem Wasser abgeschreckt, damit sie fest bleiben, und dann zusammen mit einer Tomaten- oder Käsesauce wieder aufgewärmt bzw. im Ofen überbacken.

Die Meinungen weichen voneinander ab, woher der Name dieses Gerichts stammt. Vielleicht erinnert die Zubereitung an Erwürgen, weil beide Hände in Milch eingeweichtes, altes Brot fest auspressen, bevor es weiterverarbeitet wird mit Kräutern oder gekochten Gemüseresten. Wahrscheinlicher und auch erzählenswerter ist die Anspielung auf den gefräßigen Klerus im Mittelalter. Eine lukanische Legende erzählt von einem Priester, der wie viele seiner Kollegen in den Berggemeinden regelmäßig seinen Zehnten in Form von Lebensmitteln eintrieb. Dieser besagte Priester hatte es sich zur Gewohnheit gemacht, regelmäßig bei einer armen Witwe sein Sonntagsmahl einzunehmen. Sie kochte hervorragend und eines Tages bereitete sie eine köstliche *Pasta* aus Brot und Gemüse und servierte sie ihrem immer hungrigen Gast. Der Pfaffe schlang die heißen Brotbällchen so gierig in sich hinein, daß ihm eines im Halse stecken bleib und er daran erstickte. Seitdem, so die Legende, heißt diese Speise *Strangolapreti*.

In der «Trattoria á Muntagnola» wird diese köstliche Speise mit Spinat, Rosinen und Pinienkernen variiert und bekommt so eine pikant-fruchtige Note.

500 g frischen oder tiefgekühlten Blattspinat
150 g Butter
200 g altbackenes Weißbrot
150 ml Milch
50 g Rosinen
50 g Pinienkerne
300 g Weizenmehl
1-2 Eier
2 Stiele Salbei
100 g feingeriebener Pecorino oder Parmesan
1 Prise Muskat
Salz, Pfeffer

Den gewaschenen oder aufgetauten Spinat in ein wenig Butter mit Salz und Pfeffer andünsten. Das altbackene Brot kleinwürfeln und in Milch einweichen, den Spinat abkühlen lassen und klein schneiden. Die gewaschenen Rosinen, die Pinienkerne und das gut ausgedrückte Brot dazugeben und vermengen. Nach Geschmack salzen und pfeffern. Das Mehl nach und nach einkneten und mit Ei binden. Noch etwas Mehl beimengen, bis sich der Teig leicht von den Händen löst und zu mundgerechten Bällchen formen läßt. Die Strangolapreti in siedendes Salzwasser geben und garen, bis sie an der Oberfläche schwimmen. Abtropfen lassen. Die Butter mit den feingeschnittenen Salbeiblättern in einer großen Pfanne schmelzen lassen und die Teigbällchen darin schwenken. Jetzt könnten sie schon gegessen werden, ihren vollen aber Geschmack entfalten sie erst im Backofen: Die einzelnen Portionen in kleine Auflaufformen füllen, mit etwas Pecorino oder Parmesan bestreuen und kurz im Ofen überbacken, bis der Käse leicht gebräunt ist.

Vorsicht: man kann kaum zu essen aufhören! Die Legende vom dickbäuchigen Pfaffen, der so viele in sich hineinschlingt, daß er daran erstickt, scheint gar nicht so abwegig.

Verdure ripiene Zur Erntezeit von Auberginen, Paprika, Zucchini, Fenchel und Artischocken ist Phantasie gefordert, um sie abwechslungsreich zubereitet auf den Tisch zu bringen. Die dünngeschnittenen Auberginenscheiben beispielsweise halten sich, gesalzen, gepreßt und in Olivenöl eingelegt, den ganzen Winter über. Frisch zubereitet werden sie mal schlicht gedünstet, mal als Würfel oder in Scheiben unterschiedlich paniert und frittiert, als Vorspeise oder als Hauptgericht ge-

reicht. Besonders beliebt sind Füllungen, in denen das fein zerstückelte Fruchtfleisch der ausgehöhlten Aubergine (oder Zucchini) mit Brot, Pecorino oder Parmesan und Ei vermengt und mit Thymian, Knoblauch und Petersilie gewürzt wird. Diese würzige Füllung ist besonders schmackhaft, wenn Auberginen im Ofen zu *Melanzane ripiene al forno* mit Tomatensauce und Käse überbacken werden. Kalorienreicher ist eine frittierte Variante. Hier werden jeweils zwei gefüllte Hälften zusammengesteckt und in reichlich Frittierfett ausgebacken und anschließend in einem Bett aus Tomatensauce angerichtet.

Carciofini ripieni Wirklich einzigartig schmecken die gefüllten Artischocken in Brühe, die sogar die Herzen von Menschen höher schlagen lassen, die dieser kultivierten Pflanze aus der Gattung der Distelgewächse sonst wenig abgewinnen können.

8 kleine Artischocken
150 g trockenes Weißbrot
150 g geriebener Pecorino oder Parmesan
3 Eier
2 Zitronen
2 Bund Petersilie
3-4 Knoblauchzehen
Olivenöl
Milch
Salz, Pfeffer

In eine große Schüssel mit kaltem Wasser Zitronensaft auspressen. Den Stiel der Artischocken direkt an der Frucht abschneiden und die harten äußeren Blätter bis zu den fleischigen, gelblich-roten inneren Blättern entfernen. Den verbleibenden faserigen Strunk schälen. Den oberen Fruchtstand etwa zwei Zentimeter gerade abschneiden, so daß eine glatte Kante entsteht. Die Frucht mit leichtem Druck rollen, um die Blätter zu öffnen. Mit Zitrone abreiben und in das Zitronenwasser legen, damit sie nicht schwarz werden. Das Brot gröber als übliches Paniermehl reiben und mit dem Pecorino oder Parmesan, ein bis zwei kleingehackten Knoblauchzehen, einem Bund feingeschnittener Petersilie, den Eiern sowie Salz und Pfeffer zu einem gut formbaren und leicht klebrigen Teig vermengen. Wenn es ihm an Flüssigkeit fehlt, einen Schuß Milch hinzufügen. Die Artischocken aus dem Zitronenwasser nehmen, nochmals leicht rollen, die Füllung hineindrücken. Jeweils zwei gefüllte Artischocken zu einer Portion fest zusammendrücken, damit sich die einzelnen Blätter der Artischocke miteinander verzahnen und die Füllung nicht heraustreten kann. In einen großen Topf legen. In einem anderen Topf reichlich Wasser mit zwei Knoblauchzehen, einem Bund Petersilie, Salz und Pfeffer zum Kochen bringen. Die kochende Brühe über die Artischocken geben und bei mittlerer Flamme zwischen dreißig und vierzig Minuten garen. Auf Suppentellern anrichten und heiß servieren. Dazu Pecorino.

Peperoni ripieni Die süditalienischen roten Paprika gibt es nur im Sommer. Sie sind würziger, länger und schmaler als die bei uns ganzjährig angebotenen Früchte. Sie werden ähnlich der Pfefferschoten in langen Bündeln zusammen gebunden und getrocknet. Gerieben als Gewürz oder grob gebrochen und für Sekunden in Olivenöl erhitzt, verleiht sie als knusprige Köstlichkeit im Winter vielen Gerichten eine fruchtig scharfe Note. Frisch verarbeitet sind sie mild. Deshalb unterstützt eine mit Kapern und Sardellen pikant gewürzte Füllung den fruchtigen Eigengeschmack.

4 rote Paprika
4 mittelgroße Tomaten
200 g trockenes Weißbrot
200 g geriebener Pecorino oder Parmesan
50 g Kapern
6-8 Sardellen
1-2 Eier
1-2 Knoblauchzehen
Salz, Pfeffer, Oregano
Öl zum Ausbacken

Die Paprika am Stielansatz aufschneiden, damit sie anschließend wieder verschlossen werden kann, aushöhlen und waschen. Das Brot in grobe Krumen reiben, die Tomaten würfeln, den Knoblauch und die Sardellen klein schneiden und zusammen mit dem Käse, den Eiern und den Kapern vermengen. Mit Salz, Pfeffer und Oregano abschmecken. Das Gemisch in die Paprika füllen und wieder verschließen. Mit einem Zahnstocher den losen Deckel feststecken. Reichlich Öl in einer hochwandigen Pfanne erhitzen und die Paprika darin unter häufigem Wenden auf kleiner Flamme anbraten. Für die fettarme Variation den Boden einer Auflaufform großzügig mit Tomatensauce bedecken, die gefüllten Paprika hineinlegen, mit Tomatensauce bestreichen und zwanzig Minuten im Ofen bei mittlerer Hitze garen lassen.

Diese oder ähnliche Füllungen lassen sich auch für andere Gemüse wie Zucchini, Zwiebeln, Tomaten variieren.

Calamaretti ripieni al Pomodoro Diese ungewöhnliche Zubereitung von Tintenfischen stammt von Zia Anna. Obwohl sie in Montalbano frischen Fisch nur auf Extrabestellung kaufen kann, ist ihr Vorrat an Fischrezepten unerschöpflich. Die Füllung aus Brot und den feingehackten Tentakeln der *Calamari* schmeckt köstlich. Anstelle von *Pasta* gereicht, als Zwischengang oder fürs Büfett ist dieses Gericht optimal geeignet.

12 mittelgroße frische Tintenfische für vier Personen
200 g feinzerbröseltes altbackenes Weißbrot
100 g grob geriebener Pecorino oder Parmesan
2 Eier
3 Knoblauchzehen
1 gehäufter Teelöffel Kapern
1 Bund Petersilie
1 großzügige Prise (vier Finger) Majoran
1 großzügige Prise Thymian
1 Prise Muskat (drei Finger)
Pfeffer, Salz
2 Eßlöffel Olivenöl
12 Zahnstocher oder Schaschlikspieße

Zunächst werden die Calamari unter fließendem kalten Wasser gründlich gereinigt, dann die Tentakeln vom Körper abgetrennt und zerkleinert. Das zerbröselte Weißbrot und den Pecorino mit den Eiern vermengen, die Kapern, den kleingewürfelten Knoblauch sowie die feingehackte Petersilie, Majoran und Thymian hinzufügen. Die Tentakeln einige Minuten in heißem Olivenöl andünsten, abkühlen lassen und sie anschließend mit der Brotmasse vermischen. Mit geriebener Muskatnuß, Salz und Pfeffer abschmecken, in die Körper der Tintenfische füllen und die Öffnung entweder mit Nadel und Faden zunähen oder mit einem spitzen Stäbchen verschließen, damit die Füllung beim Kochen nicht herausquillt. Dieser Vorgang erfordert etwas Geduld, am besten man benutzt einen Trichter mit entsprechend großer Öffnung oder die größte Tülle einer Konditorspritze. Die Calamari intensivieren ihr Aroma, wenn sie über Nacht im Kühlschrank ruhen.

Für die Sauce:
1 Frühlingszwiebel
1 Knoblauchzehe
1 Eßlöffel Kapern
500 g geschälte Tomaten
1/2 Glas Weißwein
1 Prise Muskat
1 Prise Thymian
Olivenöl, Pfeffer, Salz

Den feingehackten Knoblauch mit der Zwiebel und der Petersilie etwa fünf Minuten in einer hochwandigen, großzügig mit Olivenöl ausgegossenen Pfanne andünsten. Anschließend Majoran, Thymian, die Kapern und die zerdrückten Tomaten hinzufügen und mit Weißwein aufgießen. Die Sauce zum Kochen bringen, mit Salz und Pfeffer abschmecken, auf kleiner Flamme eine knappe Stunde einköcheln lassen. Anschließend die gefüllten Tintenfische in die Sauce geben und weitere dreißig Minuten bei kleiner Flamme köcheln. Mit einigen Petersilieblättern dekorieren. Der würzige Geschmack verträgt wunderbarerweise einen kräftigen Rotwein.

La Mollica Die knoblauchlose Variante dieser einfachen, aber köstlichen Spezialität wird in Deutschland gerne zu Blumenkohl oder Klößen gereicht. In der Basilicata sind auch Variationen beliebt, die allein mit kleingehackten Walnüssen oder zusätzlich mit etwas Baccalá angereichert oder einer Sardelle gewürzt werden. *Mollica* ist aus grobem Paniermehl, gerieben aus altbackenem Weißbrot. Diese Brotkrumen werden in einer Mischung aus Olivenöl und Butter angeröstet, in der eine angedrückte Knoblauchzehe

schwimmt. Pro Person rechnet man eine gute Handvoll feingeriebenes Brot und mindestens so viel Butter, daß die Krumen sich satt vollsaugen können. Dazu kommen außerdem Salz und Pfeffer, Paprikapulver nach Geschmack. Kurz vor dem Servieren eine kleingehackte, scharfe Pfefferschote und etwas gehackte Petersilie dazugeben. Geschmacklich erinnert eine gut gemachte *Mollica* an den würzigen Pecorino, der natürlich als krönender Abschluß nicht fehlen darf. Diese Spezialität paßt hervorragend zu handgedrehten *Fusilli*, deren spiralige Röhren sich mit dem Aroma vollsaugen können. Aber auch Fleisch, besonders vom Lamm oder Fisch in einer Brotkruste, *sono una favola*, sind ein Gedicht. Hier eine Anregung für experimentierfreudige Liebhaber der lukanischen Küche:

Carne in Crosta di Pane

200 g nicht zu mageres Fleisch oder Fisch (berechnet für 1 Person)
2 mittelgroße Kartoffeln
1 Handvoll Cherrytomaten
2 Handvoll feingebröselte Brotkrumen
1 Handvoll geriebener Pecorino oder Parmesan
Thymian, Majoran, Basilikum
Olivenöl
Salz, Pfeffer

Die Kartoffeln halbgar kochen und in etwa einen halben Zentimeter dicke Scheiben schneiden oder die rohen Kartoffeln in hauchdünne Scheiben raspeln, salzen und pfeffern. Das zerbröselte Brot mit dem Käse, den Tomaten, den Kräutern und Gewürzen vermengen, einen Schuß Olivenöl hinzufügen und zu einem gut haftenden und formbaren Teig verkneten. Eine kleine Auflaufform einfetten und mit den Kartoffelscheiben auskleiden. Eventuell etwas Olivenöl darüber träufeln. Das Fleisch nach Geschmack würzen und auf die Kartoffeln legen. Ein Filetstück braucht etwas Fett, dessen Aroma in die Kartoffeln einziehen kann. Jetzt wird das Fleisch mit der Brotmasse umhüllt und nach höchstens einer Viertelstunde steht ein köstliches Gericht auf dem Tisch, das mit knackigem Salat und einem trockenen Wein zur Delikatesse wird.

Die luxuriöse Abwandlung können Filetstücke oder ganze Fische in Salzkruste sein. Dazu wird zum Beispiel ein Filetstück gewürzt, mit Kräutern belegt, dann vollständig mit einer Schicht aus grobem Meersalz bedeckt und entsprechend seiner Größe für etwa zwanzig Minuten in den Backofen geschoben.

Den Freunden der fleischlosen Küche sei die Variante mit Austernpilzen empfohlen. Auf die Kartoffeln wird dabei verzichtet. Hier werden die Pilze vor dem Überbacken in der Brotkruste kurz in der Pfanne angedünstet und gewürzt.

Pettole Zur christlichen Tradition mit ihren zeitweise strengen Fastengeboten und Ernährungsregeln gehören aber auch etliche Feiertage zu Ehren verschiedener Heiliger, an denen Naschwerk gereicht wird. In der Vorweihnachtszeit gibt es *Pettole*. Diese Backwaren gehören in ganz Süditalien zu den beliebtesten Naschereien. In der Basilicata wird diese knusprige Köstlichkeit auf der Straße gebacken und frisch aus dem Öl heraus gegessen. Die Zeit der *Pettole* beginnt am 8. Dezember, dem Tag der Immacolata.

Pettole, auch *Zeppole* genannt, haben ihren Ursprung in den arabischen Ländern. Dort werden sie bereits im dreizehnten Jahrhundert in einem Kochbuch beschrieben. Im «Manoscritto Lucano», der Rezeptsammlung aus dem frühen sechzehnten Jahrhundert, findet sich eine süditalienische Variante der Zubereitung, die allerdings von der schlichten bäuerlichen Version des hier beschriebenen Rezepts abweicht. Damals bestand der Teig noch aus Datteln, die in Rosenwasser eingeweicht und zusammen mit Mandeln und gekochten Kastanien zerstampft und mit Majoran, Zimt, Ingwer, Muskat, Pfeffer und Zucker gewürzt wurden. Nach dem Ausbacken in Schmalz wurden sie noch in Zimt, Zucker und Honig gewälzt.

500 g Mehl Typ 405
500 g Hartweizenmehl
250 g gekochte Kartoffeln
Hefe, Wasser, Salz
Pflanzenöl zum Frittieren
Zucker zum Bestreuen

111

Einen Hefeteig zubereiten und großzügig mit Öl bedecken. Mit den Händen jeweils eine etwa eiergroße Menge abnehmen. Jetzt ist Fingerfertigkeit gefragt: Mitten in die weiche Teigmasse ein Loch drücken und mit einer schnellen Rundum-Bewegung beider Hände den Teig zu einem etwa fingerdicken Kringel formen. Sofort in das heiße Fett geben, goldbraun ausbacken, auf Küchenkrepp abtropfen lassen und auf einem großen Teller servieren. Man kann sie mit Zucker bestreuen, aber auch ohne schmecken sie köstlich.

Der Luxus im Alltag – Hausgemachte Pasta

Die meisten dieser Pasta-Rezepte bieten ein wunderbares Freizeitvergnügen für Menschen, die eine Nudelmaschine und eine Tiefkühltruhe besitzen und gerne an verregneten Samstagnachmittagen geruhsam Teig kneten und formen, damit in der Woche binnen kürzester Zeit Gerichte auf dem Tisch stehen. Ein Kilo schlichtes Weizenmehl Typ 405 und ein paar Eier sollten natürlich auch im Haus vorrätig sein.

Frische und tiefgekühlte Pasta, ob gefüllt oder schlicht geformt, gart im Unterschied zu Pasta in getrockneten Zustand in kochendem Salzwasser schon in zwei bis drei Minuten. Oft reichen ein wenig Butter, einige Kräuter und frischgeriebener Pecorino oder Parmesan, um daraus eine köstliche Mahlzeit zu zaubern, mit der auch unverhofft hereinschneiende Gäste beeindruckt werden.

Ob frische, tiefgekühlte oder getrocknete Pasta aus der Packung: für alle Sorten gilt das gleiche Gebot. Das Salzwasser muß sprudeln und zwar während des gesamten Kochvorgangs. Nudeln sind keine Kartoffeln, die bei geringer Hitze weich kochen sollen. Nudeln müssen bißfest bleiben und zwar durchgängig. Wer die Hitzezufuhr drosselt, kann erleben, wie das Wasser leicht trübe und die Pasta außen glibberig und breiig wird. Das Innere dagegen bleibt hart – unabhängig von der Qualität der Pasta oder der Kochzeit. Wohlgemerkt: Diese Konsistenz hat mit dem als *al dente* berühmten Biß nichts zu tun! Deshalb: Nur in gleichmäßig sprudelndem Wasser gart der Nudelteig einheitlich und die Nudeln bleiben fest; *al dente* eben.

Die Zubereitung von Pastateig ist unkompliziert, und er ist schnell mit der Hand geknetet. Will er einmal gar nicht zusammenhaften, helfen mit Wasser angefeuchtete Hände weiter, um ihn in eine feste und gut formbare, aber nicht klebrige Konsistenz zu bringen. Ungeduldige Anfänger, die im Besitz einer Nudelmaschine sind, erzielen die größten Erfolge mit *Tagliatelle* oder *Spaghetti*. Sie gelingen immer, denn die Teigstreifen müssen nur durch entsprechende Formwalzen gedreht werden. Auch die Teigstreifen für *Ravioli*, *Cannelloni* oder *Lasagne* sind zügig vorbereitet, gefüllt und verblüffend einfach zu produzieren. Die Weiterverarbeitung des Teigs zu *Fusilli*, *Foglie* oder *Orecchiette* dagegen braucht einiges an Geduld und Fingerspitzengefühl. Sie erinnert an ein kontemplatives Ritual. Vor einem Essen mit mehreren Leuten ist es sehr empfehlenswert, einigen Freunden das manuelle Geschick im Umgang mit dem Teig zu vermitteln und die *Fusilli* oder *Orecchiette* gemeinsam mit ihnen vorzubereiten, um sie anschließend umso mehr genießen zu können.

Für alle Pastarezepte gilt die goldene Regel: Auf ein Kilo Mehl kommen vierhundertfünfzig Milliliter Flüssigkeit. Mit Mehl ist hier das feingemahlene, überall erhältliche weiße Weizenmehl Typ 405 gemeint; wer will, kann gleichfalls Hartweizenmehl benutzen oder mit einer Mischung aus beiden Mehlsorten experimentieren. Ebenfalls bleibt es dem persönlichen Geschmack überlassen, wieviel der angegebenen Flüssigkeit aus Eiern oder farbgebenden Zutaten wie Tomaten für rote, Oliven für schwarze oder beispielsweise Spinat für grüne Nudeln besteht. Bei den gefüllten Sorten wie *Lasagne*, *Cannelloni* oder *Ravioli* aber sind Ei-

er ein Muß. Sie machen den Teig geschmeidiger und weicher. Gänzlich ohne Eier dagegen bleibt der Teig für *Fusilli und Orecchiette*. Der Gebrauch von Eiern ist auch ein Zeichen von Großzügigkeit. Deshalb bereitet Angela ihren Teig wegen der Farbe, der Reichhaltigkeit und der angenehmen Griffigkeit lieber mit Eiern zu. Unstimmigkeit herrscht über das Hinzufügen von Salz. Angela ist überzeugt: Salz macht den Teig nervös und bringt ihn zum Gären. Um dieses Risiko auszuschließen, sind alle angegebenen Nudelrezepte salzlos. Angelas Nichte Donata dagegen ist davon überzeugt, daß eine Prise Salz das Aroma und den Geschmack frischer Nudeln besser hervorhebt. Doch sollte die Pasta dann zügig verbraucht werden.

Der Pastateig ist mit der Hand in kürzerer Zeit geknetet als mit einer Küchenmaschine, weil zwei Hände besser greifen als die Knetarme der Maschine. Diese sollte außerdem robust und von guter Qualität sein, weil sie den festen Teig mindestens zwanzig Minuten auf Hochtouren bewegen muß. Nicht zu unterschätzen ist der Einfluß der Körperwärme auf den Geschmack. Die Wärme der Hände setzt einen alchimistischen Prozeß in Gang und verbindet die Zutaten in einer Weise, die von den metallenen Knethaken und Walzen der Maschinen niemals erreicht werden können.

Die Zubereitung des Teigs ist für alle Nudelsorten gleich: Das feine weiße Weizenmehl in eine große Schüssel geben und in der Mitte eine Vertiefung für die Flüssigkeit schaffen. Die aufgeschlagenen Eier bzw. die passierten färbenden Zutaten in einen Meßbecher geben, bis auf vierhundertfünfzig Milliliter mit Wasser auffüllen und in die Mitte der Vertiefung gießen. Das Mehl von außen in die Vertiefung häufeln und zunächst mit den Fingern das Ei mit dem Mehl binden. Die ersten Minuten scheint die Flüssigkeit nicht auszureichen, um aus den Zutaten jemals einen einzigen Teigkloß zu kneten. Die Schüssel ist voller Krumen, die an den Rändern und Fingern kleben. Jetzt liegt es an Kraft und Durchhaltevermögen der Armmuskulatur, damit ein glatter, fester Teig mit samtig weicher Oberfläche entsteht, der sich unter Druck gut formen läßt. Mit Wasser angefeuchtete Hände helfen weiter, bis die optimale Konsistenz erreicht ist.

Diesen fertigen Kloß dann leicht mit Weizenmehl oder auch mit Hartweizenmehl bestäuben, damit er nicht festklebt, abdecken und ruhen lassen. Ein Nudelteig braucht vor der Weiterverarbeitung mindestens dreißig Minuten Ruhe. Die Teigkugel bleibt in dieser Zeit in der Schüssel und wird auch während der nächsten Arbeitsschritte immer mit einem Tuch abgedeckt, damit sie nicht austrocknet.

Die Anschaffung einer Pastamaschine empfiehlt sich für jeden, der gerne italienisch kocht. Natürlich läßt sich der Teig ebenfalls mit einem Nudelholz auf einem bemehlten Brett dünn ausrollen und schneiden – es läßt sich nicht leugnen, sie schmecken so noch besser –, die Methode ist jedoch vor allem zu Anfang und bei größeren Portionen ungleich zeitaufwendiger. Aber auch der Umgang mit einer Pastamaschine braucht ein wenig Übung. Wer eine neue Maschine einweiht, sollte laut Gebrauchsanweisung alle Teigformen mit einem Probestück Teig reinigen. Das ist eine gute Übung für den Umgang mit der Maschine. Meist hat man anschließend den Bogen raus, mit welcher Teigmenge und welcher Drehgeschwindigkeit die besten Ergebnisse erzielt werden können.

Zu große und zu frische Teigstücke reißen sogar bei der groben Stufe eins sehr leicht. Der Schaden ist aber mit einer Prise Mehl, nochmaligem Zusammenpressen der löchrigen Stücke und der Wiederholung des Durchdrehens auf derselben Stufe behebbar. Für die meisten hier beschriebenen Pastarezepte sind drei Arbeitsgänge mit der Maschine erforderlich. Ein etwa handgroßes Teigstück abtrennen und leicht mit den Händen nachformen, damit es in den Schlitz der Maschine paßt. Zunächst auf Stufe eins durchdrehen. Den so entstandenen glatten Teigstreifen mit Mehl einstäuben und bei Stufe drei ein zweites Mal durchdrehen. Inzwischen ist der Teig etwa dreißig bis vierzig Zentimeter lang und ungefähr so breit wie die Schlitze der Maschine. Diesen Teigstreifen eventuell wieder mit Mehl bestäuben und für den dritten Durchlauf bei Stufe fünf vorbereiten. Danach ist der Teig hauchdünn und fast einen Meter lang. Diesen Teigstreifen auf einer bemehlten Arbeitsplatte ausbreiten und sofort weiterverarbeiten, weil er sonst austrocknet.

Für *Spaghetti* und *Tagliatelle* wird der Teigstreifen gleichmäßig in etwa handlange Stücke getrennt, die dann in ihrer entsprechenden Form durch die Maschine gedreht werden. Die geschnittenen

Nudeln portionsweise auf eine bemehlte Platte legen und mit etwas darübergestreutem Hartweizenmehl vor dem Zusammenkleben schützen. Für eine Weiterverarbeitung zu *Ravioli* den Teigstreifen zügig in etwa handbreiten Abständen mit der vorbereiteten Füllung versehen und zusammenklappen. Der Teig trocknet extrem schnell aus. Die Hälften verbinden sich nicht, wenn die Nudeln nicht sofort geschlossen, zusammengedrückt und ausgeschnitten werden. Dann kann es passieren, daß die Füllung beim Kochen herausquillt. Es gibt allerdings neben dem Zusammenkleben mit Eiweiß einen weiteren kleinen Trick. Die Form der *Ravioli* kann beliebig gestaltet werden. Kleine Quadrate oder Dreiecke lassen sich mit einem Teigroller ausschneiden, aber auch verschiedene Ausstechformen für Plätzchen eignen sich sowie scharfrandige Gläser oder Metallschalen für runde und halbmondförmige *Ravioli*.

Die angetrockneten Ränder nach dem Schneiden mit den Enden einer Gabelzinke festdrücken und gleichzeitig verzieren! Dieses strahlenförmige geometrische Muster sieht nicht nur äußerst professionell und dekorativ aus. Die verschiedenen Formen helfen unterschiedlich gefüllte *Ravioli* in der Tiefkühltruhe voneinander zu unterscheiden und schützen vor den unliebsamen Überraschungen im Kochwasser.

Die Verarbeitung der Teigstreifen vereinfacht und beschleunigt sich, wenn nicht zuerst jede Form einzeln ausgestochen, gefüllt und zusammengeklappt wird, sondern in regelmäßigen Abständen jeweils eine etwa teelöffelgroße Menge der Füllung auf die untere Hälfte des Teigstreifens gegeben wird. Die obere Hälfte dann anheben, vorsichtig darüberlegen, die Zwischenräume mit den Handkanten festdrücken und dann in Form teilen. In einem Arbeitsgang entstehen so in Windeseile acht bis zehn *Ravioli*.

Cavatelli, Orecchiette und Fusilli Für diese drei Nudelvariationen ist keine Pastamaschine nötig. Alle lassen sich mit der Hand formen. Traditionell besteht der Teig nur aus einem Kilo Mehl Typ 405 und vierhundertfünfzig Milliliter Wasser, aber Angela nimmt je nach Stimmung zwischen zwei und vier Eiern und fügt Wasser hinzu, bis die erforderte Flüssigkeitsmenge erreicht ist. Das Mehl in eine große Schüssel geben und langsam mit dem Wasser zu einem festen Knetteig verarbeiten. Anschließend den Teig mit einem Tuch abdecken und an einem kühlen Ort mindestens eine halbe Stunde ruhen lassen.

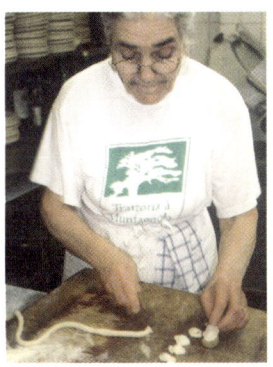

Cavatelli oder *Orecchiette* unterscheiden sich letztlich nur in der Dicke. Hier wird wieder ein faustgroßes Stück abgeteilt, aber diesmal zu einer fingerdicken Schlange gerollt. Von der Teigrolle nun eine etwa einen halben Zentimeter dicke Scheibe schneiden und sie flach vor sich legen. Jetzt pressen die Fingerspitzen von Zeige-, Mittel- und Ringfinger den Teig flach. Nach einer kleinen festen Drehung im Uhrzeigersinn entsteht ein porös wirkendes, ungleichmäßig geformtes Oval, daß sich zur Mitte hin verjüngt. Ein *Cavatello* ist fertig. Der richtige Druck und die optimale Drehbewegung erfordern etwas Übung und der Teig reißt manchmal, doch nach einigen Fehlversuchen gelingen sie immer besser und man kann sich an die Orecchiette heranwagen.

Ausgangspunkt ist die kleine Teigscheibe. Am hinteren Rand der Scheibe die Spitze eines rund zulaufenden Buttermessers schräg aufsetzen und unter leichtem Druck mit Zeige- und Mittelfinger der linken Hand sanft nach vorne ziehen, so daß die Teigscheibe flacher und breiter wird. Bei diesem Schritt wölbt sich die Mitte schalenförmig nach unten, die Ränder bleiben leicht verdickt. Optimalerweise paßt diese Form genau über den Daumen, über den sie jetzt einmal mit der Öffnung nach oben aufgesetzt und anschließend über die Daumenspitze gestülpt werden. Mit Mehl bestäuben und nebeneinander auf eine bereitgestellte Platte legen.

Für die *Fusilli* jeweils faustgroße Stücke vom Teig mit einem Messer abteilen mit den Händen zu einer dünnen Schlange rollen und daumenlange Stücke abtrennen oder durch die Stufe eins der Nudelmaschine zu langen Streifen drehen. Die Streifen in etwa handbreite Stücke zerschneiden und sie anschließend durch die *Tagliatelle*form drehen. Diese kurzen *Tagliatelle* gut mit Mehl bestäuben und auflockern, damit sie nicht zusammenkleben.

Jetzt einen langen dünnen Metallstab oder hölzernen Schaschlikspieß bereithalten und damit jeden einzelnen Teigstreifen zu einem *Fusilli* formen. Dazu das Stäbchen erst mit Mehl bestäuben, dann diagonal am rechten Ende des Teigstreifens anlegen. Das sieht aus wie die geöffneten Schneiden eine Schere. Den Stab fest auf den Teig drücken und mit der linken Handfläche zum Körper hin rollen. Mit einiger Übung wickelt sich der Teigstreifen wie eine Spirale um den Stab. Diese dann vorsichtig ablösen und auf einem bereitgestellten Teller legen. Die ersten Versuchen scheinen unendlich mühselig und die langgezogenen Spiralen geraten etwas schlaff, aber nach kurzer Zeit gelingen sie immer besser, und es macht Spaß die Portionen wachsen zu sehen. Noch zwei Tips: Damit der Teig nicht austrocknet, jeweils nur einen kleinen Teig zur Weiterverarbeitung ausrollen. Den Rest immer gut abdecken.

Fusilli, *Cavatelli* und *Orecchiette* eignen sich hervorragend für *Pasta*gerichte mit reichlich Sauce, denn sowohl die Spiralen als auch die winzigen porösen Schälchen der *Cavatelli* und *Orecchiette* nehmen sie richtig in sich auf.

Foglie Diese Pasta in Form und Farbe von Olivenblättern wird in einigen Dörfern der Basilicata traditionell am Palmsonntag gegessen. Die *Foglie* kündigen das Ende der Fastenzeit an. In früheren Zeiten färbte nicht kultivierter Rucola oder Spinat dieses Festgericht, sondern das erste Grün vom Feld.

1 kg Weizenmehl
150 g Rucola oder Spinat oder Rübenblätter
2 mittelgroße Eier
Wasser

Den Rucola sehr fein hacken oder pürieren, mit den Eiern in einen Meßbecher geben und mit Wasser auf gut 450 Milliliter auffüllen und verrühren. Die Masse zu dem Mehl geben, sorgfältig zu einem festen glatten Teig kneten, mit Mehl oder Weizengrieß bestreuen und mindestens dreißig Minuten unter einem Tuch abgedeckt ruhen lassen. Der Teig sollte sich anfühlen wie gegerbtes Leder, samtig-weich und glatt. Von dem Teig etwa faustgroße Mengen abschneiden und eine Rolle formen. Diese mit beiden Händen in etwas Hartweizenmehl auf der Arbeitsplatte zu einer langen, höchstens bleistiftdicken Schlange rollen. Mit dem Messer jeweils ein etwa fingerbreites Stück abschneiden. Die Blätter werden aus diesem Teigkügelchen geformt. Dazu braucht es ein Buttermesser und Fingerfertigkeit. Der Teig liegt unter dem vorderen Drittel der Messerschneide. Mit drei Fingern – Zeige-, Mittel- und Ringfinger – einen leichten Druck ausüben, damit der Teig gedehnt wird, aber nicht wegrutschen kann. Gleichzeitig das Messer mit einer kleinen Bewegung zum Körper hinziehen. Es entsteht ein Oval mit leicht verdickten Kanten, die sich unregelmäßig rollen und in Form und Größe an die fleischigen Blätter eines Jahrhunderte alten Olivenbaumes erinnern. Die Foglie in kochendes Salzwasser geben und garen, bis sich alle Blätter im Wasser gedreht haben. Das dauert zwischen drei und fünf Minuten. Mit der Schaumkelle abschöpfen und mit Tomatensauce, Parmesan oder besser noch Pecorino und einigen Blättern Basilikum servieren.

Lasagne

500 g Mehl
4 mittelgroße Eier
Wasser

Die Eier in einen Meßbecher aufschlagen, mit Wasser auf 225 Milliliter auffüllen und anschließend in das Mehl geben. Einen Knetteig zubereiten. Diesen mit der Nudelmaschine auf Stufe sechs in etwa zehn Zentimeter breite Teigstreifen dünn ausrollen. Kurz in kochendes Wasser geben, bis sie an der Oberfläche schwimmen. Dann bis zur Weiterverarbeitung in kaltes Wasser legen.

Jetzt ist Phantasie gefragt. Die fertigen Nudelstreifen könnten beispielsweise zu einer Lasagne werden, wenn sie in eine gefettete Auflaufform gelegt und schichtweise mit Tomatensauce, Käse, Fleischbällchen, luftgetrockneten *Salsicce* und hartgekochten Eiern belegt werden. Dabei ist zu beachten, daß italienische Fleischbällchen nicht mit eingeweichtem Brot, sondern mit Pecorino oder Parmesan zubereitet werden. Hier das Rezept von Angelas einzigartigen Fleischbällchen, die auch kross ausgebacken köstlich schmecken.

250 g grob gehacktes Rindfleisch
2 Eier
100-150 g frisch geriebener Pecorino oder Parmesan
1 Bund Petersilie
1-2 feingehackte Knoblauchzehen
Salz, Pfeffer

Alle Zutaten zu einer Masse vermischen, die sich leicht zu Kügelchen formen läßt. Dann als Füllung weiterverarbeiten oder für's Büfett zu Minibouletten anbraten.

Cannelloni con Ricotta e Spinaci Aus demselben Nudelteig lassen sich die handlich kleinen *Cannelloni* zubereiten: Kleingeschnittener blanchierter Spinat wird mit Ricotta, Pecorino oder Parmesan, Mozzarella und Eiern zu einer lockeren Masse verarbeitet, mit Muskat, Salz, Pfeffer abgeschmeckt und anschließend etwa zwei Finger breit und hoch der Länge nach am Rand der Teigstreifen verteilt. Dann die Finger vorsichtig unter einen Pastastreifen schieben, etappenweise erst klappen und dann zu einer Rolle formen. Anschließend in etwa handlange Stücke schneiden und in eine flache Auflaufform geben. Mit etwas Pecorino oder Parmesan bestreuen. Eine Tomatensauce ohne Knoblauch und einen Hauch geriebenen Käse darüber verteilen. Im vorgeheizten Ofen etwa fünfzehn Minuten bei 200 Grad überbacken. Es werden pro Portion zwei bis drei Cannelloni gereicht. Nach Geschmack mit Pecorino oder Parmesan bestreuen und mit Basilikum dekorieren.

Ravioli Sie eignen sich phantastisch für die Vorratshaltung in der Kühltruhe. Frisch gefüllt auf einem mit Hartweizenmehl bestreuten Blech einfrieren. Die gefrorenen *Ravioli* können nicht mehr aneinander kleben und halten sich problemlos in Gefrierbeuteln. Sie lassen sich einzeln entnehmen und innerhalb weniger Minuten in kochendem Wasser servierfertig zubereiten. Die angegebene Teigmenge reicht jeweils für sechzehn bis achtzehn Portionen.
Natürlich sind auch bei den *Ravioli* alle erdenklichen Füllungen möglich. Die in Deutschland bekannteste, aber nicht unbedingt kreativste ist die Füllung aus Hackfleisch. Langsam setzen sich Spinat und Ricotta durch, aber auch Fisch, Pilze, Kürbisse oder andere Gemüsearten sind wunderbar geeignet. Eine Füllung aus Auberginen oder Artischocken zählt in der Basilicata zu den traditionellen Zubereitungsweisen.

1 kg Mehl
4 Eier
Wasser

Den Teig mit der Pastamaschine der Stufe 5 zu langen dünnen, etwa zehn Zentimeter breiten Streifen ausrollen und in handbreiten Abständen jeweils einen Teelöffel der vorbereiteten Füllung in der Mitte des Teigstreifens plazieren. Die Längsseiten des Teigs vorsichtig anheben und übereinander klappen. Die Zwischenräume mit den Handkanten festdrücken und die gefüllten Ravioli großzügig herausschneiden. Die Phantasie bestimmt Größe und Form. Mit einem Teigroller entstehen beispielsweise Dreiecke oder Quadrate, eine scharfkantige runde Keksform verhilft zu halbkreisförmigen Ravioli, deren äußerer Rand sich selbstverständlich noch mit den Zinken einer Gabel verzieren läßt. Die spätere Zubereitung geht schnell: Die frischen oder tiefgekühlten Ravioli einfach in kochen-

des Salzwasser geben und etwa zwei bis drei Minuten garen lassen, bis sie oben schwimmen. Je nach Füllung werden pro Portion sechs bis zehn Ravioli gerechnet. Vor dem Servieren können sie in Butter geschwenkt oder mit einer leichten Tomatensauce serviert werden. Parmesan oder Pecorino dürfen nicht fehlen.

Die Zutaten für die *Ravioli* mit Artischocken oder Auberginen reichen jeweils für die Füllung einer Teigmenge, die aus einem Kilo Mehl geknetet wurde.

Ravioli con Carciofini   Sie können als Löffelgericht in der Artischokkenbrühe serviert oder in Butter geschwenkt und anschließend mit Parmesan oder Pecorino bestreut werden.

1 Zitrone
2 kg Artischocken
3 Eier
3 Knoblauchzehen
2 Bund Petersilie
100 g geriebenen Pecorino oder Parmesan
Salz, Pfeffer

Für dieses Gericht die Artischocken genauso vorbereiten wie in dem Rezept Carciofini ripiene auf Seite 105/106.
Dann die Artischocken der Länge nach in Achtel und die Stiele in etwa ein Zentimeter große Stücke schneiden und in einen großen Topf geben. Mit Wasser auffüllen, Knoblauch, ein Bund Petersilie, Salz und Pfeffer hinzufügen und etwa zwanzig Minuten kochen lassen. Das Kochwasser abgießen und als Brühe für die Ravioli weiternutzen. Die abgetropften Artischocken in einer Auflaufform für weitere zwanzig Minuten im Backofen bei mittlerer Hitze trocknen lassen. Anschließend durch einen Fleischwolf drehen und den Mus mit Pecorino oder Parmesan, Ei, Salz und Pfeffer vermengen.

Ravioli alle Melanzane
2 kg Auberginen
100 g geriebenen Pecorino oder Parmesan

100 g Pinienkerne
2 Eigelb
Petersilie
Salz, Muskat
Pecorino oder Parmesan zum Bestreuen

Die Auberginen putzen, würfeln, leicht salzen und ziehen lassen, damit sie Wasser abgeben. Nach etwa dreißig Minuten auf ein Backblech legen und in den auf 200 Grad vorgeheizten Backofen schieben. Nach zwanzig Minuten die Auberginen mit einem Pfannenheber vorsichtig vom Blech lösen, wenden und nochmals zwanzig Minuten garen lassen. Die gedörrten Auberginenwürfel abkühlen lassen und entweder durch einen Fleischwolf drehen oder mit dem Pürierstab zu einem feinen Mus pürieren. Den geriebenen Käse, die Pinienkerne, Petersilie und 2 Eigelb vermengen. Mit etwas Salz und Muskat würzen. Die Füllung schmeckt zunächst leicht süßlich. Das Salz entwickelt seine volle Würzkraft erst, während die Masse weiter abkühlt und ruht. Anschließend die vorbereiteten Teigstreifen füllen, formen und etwa drei Minuten in kochendem Wasser garen. Die Ravioli vor dem Servieren in Butter schwenken oder mit einer leichten Tomatensauce servieren. Mit Parmesan oder Pecorino bestreuen.

Rund um die Tomatensauce

Was wäre die italienische Küche ohne ihre wundervollen Tomatensaucen. Dabei wurden Tomaten erst gegen Ende des sechzehnten Jahrhunderts aus Mexiko eingeführt. Zuerst nutzte man sie nur als exotische Dekoration. Erst nachdem Vincenzo Corrado 1765 die Tomate in seinem Kochbuch «Cuoco Galante» (Der galante Koch) als schmackhafte Zutat für Saucen und Füllungen erwähnte, trat sie ihren Siegeszug in der italienischen Küche an. Schnell hatte man herausgefunden, in welchen Regionen des Landes diese köstliche Frucht am besten wuchs, und bald waren Tomaten fast das ganze Jahr über erhältlich. Die kurzen Monate ohne frische Ware wurden überbrückt, indem die reifen Früchte eingesalzen und getrocknet für Schmorgerichte konserviert wurden. Erst später gelang es, die Tomaten als konzentriertes Tomatenmark haltbar zu machen oder sie geschält einzukochen.

Heutzutage wird sogar in Italien nur noch selten eine Tomatensauce aus frischen Früchten zubereitet. Die Aufgabe, im Sommer den *Sugo* für den Winter einzukochen, wurde inzwischen von der Konservenindustrie übernommen. Wenn die Tomatensorte «San Marzano» Ende August ihre volle Reife erreicht, pflücken die Frauen als Erntehelferinnen in den frühen Morgenstunden die Früchte, säubern und vierteln sie anschließend und kochen sie nach bewährter Tradition ein. Diese *Pomodori pelati* in Konservendosen sind auf der ganzen Welt zu haben, und so unglaublich es klingt: aus ihnen lassen sich köstliche Saucen bereiten, wenn man auf die Zugabe von Ketchup, Tomatenmark oder pulverisierter künstlicher Würzmischungen verzichtet.

Es gibt kein Rezept für die einzig wahre Tomatensauce. Jeder Koch, jede Köchin hat kleine Geheimnisse entwickelt, die den geschälten Tomaten einen Geschmack verleihen, der sich dem sonnengereifter frischer Früchte nähert. Jenes kräftige Aroma, das einen Genießer in Urlaubsstimmung versetzt und ihn von Sommerabenden am Meer träumen läßt oder von genußreichen Stunden in einer kleinen Trattoria mit drei, vier Tischen auf dem Bürgersteig, um die das süditalienische Straßenleben lebhaft pulsiert. Die einen schwören auf wenige Stückchen Staudensellerie, während andere nur dessen Blätter hinzufügen, um der Tomatensauce die richtige Würze zu verleihen. Für manche wäre es ohne das mild-süßliche Aroma einer kleinen Karotte oder ein wenig Zwiebel keine richtige Tomatensauce, dazu kommt eventuell noch

die Schärfe roter Pfefferschoten, andere schwören auf eine Prise Zucker. Natürlich gibt es auch die Varianten, in denen der Knoblauch durch feingehackte Schalotten ersetzt wird.

Angela nutzt grundsätzlich nur Olivenöl, Knoblauch, Salz und Pfeffer sowie ein paar Blätter frisches Basilikum, ersatzweise kann es auch schon mal Petersilie sein. Selbstverständlich darf in die Saucen für Pastagerichte, die mit frischem Ricotta gefüllt sind, kein Knoblauch, denn sein strenger Geschmack übertönt das zarte Aroma des Frischkäses.

Angela ist davon überzeugt, daß ein Pürierstab den Geschmack nachteilig verändert. Gerade noch akzeptabel wäre der Weg, sie durch ein Gemüsesieb zu pressen. Damit die Sauce schnell eine sämige Konsistenz und ihren einzigartigen Geschmack erhält, schwört sie darauf, die Tomaten mit der Hand zu zerdrücken. Dann bleibt der riesige Topf mit der Sauce bei kleiner Flamme mehrere Stunden auf dem Feuer, bis die Tomaten zu einem sämigen *Sugo* verkocht sind und die Flüssigkeit größtenteils verdampft ist. Der Deckel liegt bei diesem Vorgang so auf dem Topf, daß ausreichend Dampf entweichen kann. Am besten gelingt die Tomatensauce, wenn sie gleich in großen Mengen zubereitet wird. Mindestens zwei große Dosen sollten es schon sein, denn sie kochen auf die Hälfte ein. Außerdem hält sie im Kühlschrank eine gute Woche. Heiß in Gläser gefüllt und luftdicht verschraubt sogar länger.

Für eine Tomatensauce aus frischen reifen Tomaten reicht es, die Tomaten kurz in kochendes Salzwasser zu geben, damit sie sich leicht schälen lassen. Flaschentomaten haben weniger Saft und sind deshalb dazu besonders geeignet.

Die gehäuteten Früchte kleinwürfeln, in ein paar Tropfen Olivenöl andünsten, mit ein wenig Knoblauch, Salz und Pfeffer und einigen Blättern Basilikum würzen.

Im Hochsommer, wenn die Früchte vollreif sind, reicht es schon, sie mit etwas zerdrücktem Knoblauch zu vermengen und mit Olivenöl, Salz und Pfeffer zu würzen. Kalt über die Pasta gegeben oder auf gerösteten Brotscheiben ist es ein Hochgenuß.

Sugo al Pomodoro
> *3 kg geschälte (Dosen-)Tomaten*
> *1 kleine Zwiebel*
> *1-2 Knoblauchzehen*
> *Basilikum oder Petersilie*
> *Öl*
> *Balsamico oder Wein*
> *Salz, Pfeffer*

Den Boden eines mittelgroßen Topfes dünn mit Öl ausschwenken. Die feingeschnittene Zwiebel und den kleingehackten Knoblauch darin andünsten. Die Tomaten zerdrücken, in den Topf geben und zum Kochen bringen. Die Temperatur herunterdrehen, mit Salz und Pfeffer nach Geschmack würzen und etwa zwei Stunden auf kleiner Flamme unter gelegentlichem Rühren einkochen lassen, bis ein großer Teil der Flüssigkeit verdampft ist. Kurz vor dem Servieren mit einem kräftigen Schuß Balsamico oder Wein abschmecken.

Bolognese alla Muntagnola Diese Fleischsauce ist kein typisches Gericht der Basilicata. In der Muntagnola steht die *Bolognese* nicht auf der Karte, aber wem sie zufällig einmal von Angela zubereitet als Kostprobe gereicht wurde, wird sie niemals mehr anders essen wollen. Zur Jagdsaison sei es empfohlen, dieses Rezept mit Wildschweinragout abzuwandeln.

1 kg Rindfleisch
2 große Dosen Tomaten
2 große Möhren
1 Stange Sellerie
1 kleine Zwiebel
2 Knoblauchzehen
2 Bund Petersilie
Olivenöl
Cognac oder Grappa
Muskat, Salz, Pfeffer

Zunächst die Möhren, Zwiebel, den Knoblauch und Sellerie und dann das Fleisch durch den Fleischwolf drehen. Das Gemüse mit etwas Salz und Pfeffer in Olivenöl andünsten, das durchgedrehte Rindfleisch ebenfalls salzen und pfeffern, zu dem Gemüse geben und anbraten. Einen Schuß Grappa oder Cognac hinzufügen. Weiterbraten, bis die Flüssigkeit verdampft ist. Die Tomaten in eine Schüssel geben, zerdrücken, salzen und pfeffern, über das Fleisch gießen, verrühren und aufkochen lassen. Bei kleiner Flamme gut eine Stunde weiterkochen. Mit breiten Nudeln, Lasagne oder verschiedenen Maccaronisorten schmeckt diese Sauce am besten.

Pomodori verdi sind keine Sauce, sondern eine kalte Vorspeise aus unreifen grünen Tomaten. Das Rezept stammt von Rachele Monacelli, Hausherrin eines ländlichen Familienrestaurants in der Nähe des Dorfes Perticara. Es gibt kaum ein Gemüse, das nicht gesalzen, getrocknet und in Olivenöl konserviert werden kann. Die so behandelten Auberginen und Artischocken sind eine in der ganzen Welt verbreitete Delikatesse. Signora Monacelli erntet die Tomaten, lange bevor sie reif werden, das Fruchtfleisch muß noch ganz fest sein. Die Zubereitung dauert einige Tage, denn zwischen den einzelnen Arbeitsschritten liegt immer eine vom frischen Produkt abhängige Trockenzeit.

Die unreifen, grünen Flaschentomaten werden seitlich angeschnitten, entkernt und langsam in Essigwasser zum Kochen gebracht. Die Säure des Essigs ist der erste Schritt, die Früchte haltbar zu machen. Wenn sie anfangen weich zu werden, aus dem Wasser nehmen, auf ein Tuch legen und auspressen, damit alles Wasser entweicht. Am besten legt man eine dicke Lage Leinentücher auf ein Holzbrett, bettet die Tomaten darauf, deckt diese wiederum mit Tüchern und einem Holzbrett ab, das zusätzlich noch gleichmäßig beschwert wird, beispielsweise mit Steinen.

Die Füllung besteht aus Kapern, gesalzenen Sardellen oder Anchovis, Petersilie, Peperoncini und Salz. Alle Zutaten werden fein gehackt, miteinander vermengt und vorsichtig in die aufgeschlitzten Tomaten gefüllt. Jetzt wird der Trocknungsprozeß wiederholt. Erst wenn kein Tropfen grünes Wasser mehr auf den Tüchern zu sehen ist, sind die Tomaten für die Weiterverarbeitung bereit. Dieser Prozeß nimmt einige Tage in Anspruch. Danach werden die *Pomodori verdi* nur noch in Gläser gefüllt, mit Olivenöl übergossen, bis alle Früchte bedeckt sind, und die Deckel fest verschraubt oder abgedichtet.

Bei der Konservierung in Olivenöl – so ein unumstößliches Gesetz der italienischen Hausfrauen – ist es absolut wichtig, auf den Mondzyklus zu achten. Nur bei abnehmendem Mond halten sich alle in Olivenöl eingelegten Früchte jahrelang. Zunehmender Mond leitet einen Gärungsprozeß des Öls ein – und das eingelegte Gut verdirbt innerhalb weniger Wochen!

Bohnen, Rüben und frisches Grün vom Feld

«Gewöhnlich wird nämlich abends kein Feuer gemacht, nicht einmal in den Häusern der reichen Leute, wo die Reste vom Mittag, ein bißchen Brot und Käse, ein paar Oliven und die üblichen getrockneten Feigen genügen. Die Armen essen überhaupt das ganze Jahr hindurch nur Brot, das manchmal mit einer rohen, sorgfältig zerdrückten Tomate oder ein bißchen Knoblauch und Öl oder mit einer heftig beißenden spanischen Pfefferschote, dem sogenannten Diavolesco gewürzt wird.» (Carlo Levi, um 1936)

Bei der armen Landbevölkerung waren die Zutaten der Mahlzeiten beschränkt auf Gemüse, wilde Kräuter, Mais, Feigen und Weizen. In Brotkruste eingebackene Carduncell', die Stiele einer Distel, zählten damals wie heute zu den Delikatessen. Fleisch und Zuckermandeln gab es höchstens zu Hochzeiten oder anderen großartigen Feierlichkeiten. Die *Sospiri*, die Seufzer, wurde das in Schmalz ausgebackene und mit Honig gesüßte oder sogar einer Creme gefüllte Gebäck genannt, das die Hochzeitstorte ersetzte.

Bis in die sechziger Jahre des vergangenen Jahrhunderts hatte sich an den kulinarischen Traditionen wenig geändert. Die Lukaner lieben ihre Küche und sind stolz auf die Vielfalt in der Einfalt, die inzwischen fast zu einer Lebensphilosophie geworden ist. Die Anspruchslosigkeit war ihnen früher von Armut oder Religion auferlegt. Der katholische Glaube erzwang eine Vielzahl religiös bedingter Fastentage, die zusätzlich zur vorösterlichen Fastenzeit streng eingehalten werden mußten und an denen weder Fleisch, Fisch, Käse oder andere Milchprodukte verzehrt werden durften. Doch es gibt einige Ausnahmen: eine Vielzahl katholischer Heiliger muß mit angemessenen Feierlichkeiten gewürdigt werden – und natürlich die närrische Fastnacht.

Der Karneval leitete eine zügellose Zeit ein, in der man zu Hause mit Freunden und Verwandten trank, aß und feierte, bis alle satt waren. Am Fastnachtsdienstag wurde noch einmal alles aufgetischt, was Stall, Küche und Keller hergaben, denn mit dem Aschermittwoch begann ein einsames Leben, in dem jeder eisern sparte und das Gemüse vom Feld verzehrte.

Der Karneval ist auch das einzige Fest, das laut Carlo Levi sogar in Aliano ausgelassen gefeiert wurde. Er wurde eines Tages plötzlich von drei weißgekleideten Gespenstern überrascht, die durch die Straßen des Ortes tollten: Einige Bewohner des Dorfes hatten sich in weiße Hemden gehüllt, ihre Gesichter mit Mehl gepudert, die Haare mit weißen Mützen verdeckt und Federn geschmückt. Mit harten Schafhäuten, zu Stöcken zusammengerollt, neckten und schlugen sie spielerisch alle, denen sie begegneten: «Sie wirkten wie losgelassene Dämonen, voll wilder Begeisterung für diesen einzigen Augenblick von Narrheit und Straflosigkeit, der in dieser tugendhaften Atmosphäre noch närrischer und unerwarteter wirkte.» Die Pritschenschläger «suchten sich mit einem wilden, übertriebenen Zerrbild der Freiheit schadlos zu halten für ihre Mühen und ihre Sklaverei. Die drei weißen Gespenster schlugen unbarmherzig und ohne Unterschied auf alle, die in ihre Nähe kamen, los; denn dies eine Mal war es zwischen Herren und Bauern erlaubt; von Wut gepackt nahmen sie mit schrägen Sprüngen die ganze Straße ein, wie besessen schreiend und bei ihrem Hüpfen die weißen Federn schüttelnd wie unblutige Amokläufer oder Tänzer eines heiligen Schreckenstanzes.»

Francesca Lufrano erzählt uns folgende lukanische Legende: Einst lebte ein Geschwisterpaar in einem Gehöft am Waldrand. Der Bruder hieß «Carnevale» seine Schwester «Quaresima» (Fastenzeit). Wie alle anderen Bewohner der Gegend bestellten sie täglich ihre Felder und versorgten ihre Tiere. Nach dem Tode ihrer Eltern erbten die beiden deren Besitz zu gleichen Teilen. Carnevale war ein großer, stattlicher Mann mit einem fröhlichen, leichtherzigen Charakter, der den Spaß und das Spiel liebte, die Feste und die Gesellschaft. Quaresima dagegen war eine zarte, schmächtige Frau, störrisch und knickerig in ihrem Wesen. Sie war so geizig, daß sie sogar sich selber nichts gönnte. Sie kleidete sich in den ärmlichsten Lumpen und sah zum Fürchten aus. Carnevale hingegen führte ein zügelloses, vergnügliches Leben, lud Freunde ein, und sie aßen und tranken zusammen. Wann immer sich eine Gelegenheit zum Feiern bot, war er dabei. Niemand konnte ihn bremsen, und so geschah es, daß in kürzester Zeit sein Hab und Gut aufgebraucht war. An einem Dienstagabend nun wollte er den allerletzten Rest verprassen. Er sammelte seine Freunde um sich und bewirtete sie freigiebig mit allem, was noch an Speisen und Getränken vorrätig war. Er aß derartig viel, daß sein Magen platzte und er starb. Von nun an lebte Quaresima alleine und isoliert von den anderen. Sie ging ihren Angelegenheiten nach, aß die Gemüse vom Feld, sparte alles und bot niemals jemandem eine Kleinigkeit an. Natürlich nahm sie auch nichts von den anderen, denn dann wäre sie ihnen in der Folge verpflichtet gewesen. Für sie war das Leben eine Last. Sie betrachtete Musik als eine Zeitverschwendung und hielt Gesellschaft für überflüssig. Als sie schließlich starb, war sie doppelt so alt wie ihr Bruder, aber niemals von jemandem getröstet worden.

Seitdem wird der Todestag von Carnevale gewürdigt: Am Fastnachtsdienstag gibt niemand Ruhe, bevor nicht eine Fleischsauce auf dem Feuer brodelt, ein gerupftes Huhn und mindestens zwei Kaninchen am Spieß rösten. Am Aschermittwoch übernimmt Quaresima das Regime und bis zum Ostersonntag steht kein Fleisch mehr auf dem Tisch.

Die religiösen Auflagen und die geringe Auswahl der Zutaten förderte auch die Phantasie der Hausfrauen und Köche. Hauptbestandteil der Mahlzeiten war und ist natürlich das Brot. Bohnen, Kichererbsen, Kastanien und andere Gemüse der Saison liefern die Grundlage der fleischlosen Rezepte. Gekennzeichnet sind sie vor

allem dadurch, daß sie sich über mehrere Tage halten, auch kalt als Brotbelag gut schmecken und durch Aufwärmen noch an Geschmack gewinnen. Menschen, die Bohnengerichten eher ablehnend gegenüberstehen, sollen beim Saubohnenpüree oder bei der Fenchelbohnensuppe schon um Nachschlag gebeten haben.

Feste Gemüsesorten wie frische Bohnen, Fenchel, Blumenkohl oder Broccoli werden, um das Herdfeuer optimal zu nutzen, in kaltem Salzwasser aufgesetzt. Wenn der Siedepunkt erreicht ist, kommen einige Handvoll Maccaroni oder Penne dazu. Zusammen werden sie zu einer Art Gemüsepasta gekocht. Der Sud verleiht den Nudeln eine interessante Geschmacksnote. Nach dem Abgießen in etwas Olivenöl geschwenkt und mit Knoblauch und Paprika abgeschmeckt, liefern sie dem Körper nicht nur ein sättigendes Gericht, sondern auch Vitamine und Mineralien.

Bemerkenswert ist auch, daß keine raffinierten Kräutermischungen den Gerichten ihre einzigartige Würze verleihen. Auberginen, Zucchini, Fenchel, Artischocken, Tomaten, Kürbis, Löwenzahn- und Zwiebelgewächse sowie Knoblauch bestimmen den Speiseplan. Mal frittiert, gedünstet, eingelegt, getrocknet, als Sauce zubereitet oder mit Brot, Eiern, Käse oder Mehl zu einer Füllung vermengt, lassen sich aus diesen Zutaten mit wenig Aufwand geschmacklich überraschend abwechslungsreiche Speisen auf den Tisch bringen. Salz und Pfeffer, Olivenöl und Knoblauch sind immer dabei. Frisch geriebener mildscharfer roter Paprika aus Senise, das Aroma einiger Blätter frischer Petersilie, von Basilikum oder Salbei, ein wenig Thymian und etwas Rosmarin unterstreichen den Eigengeschmack der einzelnen Zutaten. Das Fingerspitzengefühl, der Geruchssinn und die Erfahrung von Köchin oder Koch prägen die individuelle Note.

Immer ist es empfehlenswert, auf die Qualität von Gemüse, Fleisch und Kräutern zu achten. Frisch sollten sie auf jeden Fall sein. Doch eine weitgehend natürliche Anbauweise und biologische Aufzucht befördern das ursprüngliche Aroma, das fur die Gerichte der Basilicata so typisch ist.

Passato di Verdure Ganz einfach und schnell zubereitet ist diese passierte Gemüsesuppe, die ursprünglich eine der zahllosen Möglichkeiten war, aus den gekochten Gemüseresten vom Vortag eine schmackhafte Abwechslung zu zaubern. Bis auf die leicht bitter nachschmeckenden Auberginen kann diese sämige Suppe mit allen Gemüsesorten zubereitet oder ergänzt

werden. Für eine *Passato di Verdure* wird beispielsweise eine fein-geschnittene Zwiebel in etwas Olivenöl angedünstet. Dazu kommen dann grobgewürfelte Karotten und Kartoffeln, etwas Staudensellerie und Zucchini, eventuell auch noch ein paar weiche Tomaten. Mit Salz und Pfeffer würzen, Wasser dazugeben, bis das Gemüse gut einen Finger breit bedeckt ist und auf kleiner Flamme unter gelegentlichem Rühren garen. Durch ein Sieb pressen oder mit einem Pürierstab zu einer sämigen Suppe pürieren. Vor dem Servieren mit einigen Blättern Petersilie garnieren. Je nach Geschmack kann man mit feingeriebenem Pecorino oder Parmesan oder einigen Tropfen Zitrone würzen und mit einem Schuß Olivenöl abrunden.

Frittata di Asparagi Beinahe ebenso schnell zubereitet ist das Spargel-Omelette, als frühlingshafte Vorspeise.

1 kg grüner Spargel
5 mittelgroße Eier
100 g geriebener Pecorino oder Parmesan
Olivenöl
Salz, Pfeffer

Den Spargel schälen, in gabelgerechte Stücke teilen, in heißem Wasser kurz blanchieren und abtropfen lassen. Die Eier mit dem Pecorino oder Parmesan schaumig rühren und mit Salz und Pfeffer nachwürzen. Reichlich Olivenöl in einer backofentauglichen Pfanne erhitzen. Den Spargel in die Eimasse geben und alles zusammen in das Öl gießen. Die Frittata schlägt am Rand der Pfanne sofort große Blasen und wird vom Öl beinahe überschwemmt. Die Temperatur herunterdrehen und die Frittata stocken lassen. Anschließend für fünf bis zehn Minuten in den auf 200 Grad vorgeheizten Backofen schieben, um auch die Oberseite zu bräunen. Frittata zählt zu den Anipasti und schmeckt sowohl frisch aus dem Ofen als auch kalt. Natürlich können die frittierten Eier mit allen Gemüsesorten oder Pilzarten variiert werden, die keine Flüssigkeit abgeben.

Lagane e Ceci ist ein klassisches Gericht aus den Tagen der Briganten. Zu dieser Zeit wurden die *Lagane* allein aus Hartweizenmehl und Wasser hergestellt, und häufig waren weiße Bohnen anstelle der Kichererbsen im Topf. Jede Geschmacksvariante hat ihren Reiz, die Art ihrer Zubereitung bleibt dagegen identisch. Damals schmorten die aufgeweichten und gewürzten Kichererbsen oder Bohnen über Stunden in einem hohen, schmalen Kochgefäß am Rande des Herdfeuers, zwischendurch mit einem Holzstil vorsichtig verrührt. Doch auch in einem Topf aus Edelstahl zubereitet, schmecken sie als Suppe, Beilage oder als Sauce für *Lagane*, breite eierhaltige Bandnudeln, hervorragend. Das gleiche Gaumenvergnügen verspricht ein Eintopf aus einer Mischung von braunen Bohnen und Eßkastanien, deren Geschmack durch etwas Paprikagewürz und eine scharfe Pfefferschote abgerundet wird. Dafür dürfen die Tomaten fehlen.

500 g Kichererbsen
250 g Cherry- oder geschälte Tomaten
1 Knoblauchzehe
1 kleiner Bund Petersilie
1 Messerspitze Bicarbonat
Olivenöl
Salz, Pfeffer

Die Kichererbsen über Nacht in reichlich Wasser einweichen lassen. Sie quellen in dieser Zeit zu doppelter Größe auf und sollten immer mit Wasser bedeckt bleiben. Im Verhältnis 1:2 in frischem Wasser mit einer Messerspitze Bikarbonat (Apotheke) aufsetzen. Die Kichererbsen saugen weiterhin reichlich Flüssigkeit – Angela rät zu doppelt so viel Wasser wie Kichererbsen. Auf kleiner Flamme zwischen zwei und drei Stunden garen lassen, die Garzeit ist abhängig von der Qualität der Kichererbsen. Nach der Hälfte der Kochzeit etwa zwei Drittel der grobgehackten Petersilie, die ganze Knoblauchzehe, die zerdrückten Tomaten, Olivenöl und Gewürze hinzufügen und weiter kochen lassen. Eventuell kochendes Wasser nachfüllen. Weitergaren lassen, bis sich die Kichererbsen leicht mit den Fingern zerdrücken lassen.

500 g Weizenmehl Typ 405
5 Eier
1 kleine Prise Salz (zwei Finger)

Das Mehl in eine breitwandige Schüssel geben und in der Mitte vertiefen. Darin die Eier aufschlagen, einen Hauch Salz zur Geschmacksintensivierung hinzufügen und zu einem glatten Teig verkneten. Eventuell die Hände mit Wasser anfeuchten, wenn ihm Flüssigkeit fehlt. Den Teig abdecken und eine halbe Stunde ruhen lassen. Die Arbeitsplatte mit Hartweizenmehl bestäuben. Nun den Teig portionsweise mit einem langen Nudelholz zu hauchdünnen Fladen ausrollen. Diese in eine Richtung zusammenfalten und in tagliatellebreite Streifen schneiden. Die so entstandenen Teignester auflockern und mit Mehl bestreuen. Anschließend eine Minute in kochendem Salzwasser aufwallen lassen und kurz vor dem Servieren zu den Kichererbsen geben.

Favette e Cicoria Der sandig-feuchte Boden der Täler in der Basilicata bringt vierzehn verschiedene Bohnensorten hervor. Da gibt es breite oder dünne Schoten, flache oder fast runde, fast handlange oder fingerkurze. Die Farben reichen vom sonnigen Gelb bis hin

zum satten Grün, sie sind pastellfarben oder auch weiß mit rosa Sprenkeln. Jede hat ihren eigenen charakteristischen Geschmack. Frisch gepflückt schmecken sie am besten, aber die ovalen Bohnen, die in den Schoten ruhen, halten getrocknet über Jahre. Der Ruf der Bohnen aus der kleinen Ortschaft Sarconi im hochgelegenen Agri-Tal hat sogar Brüssel erreicht. Die Europäische Gemeinschaft verlieh ihnen das Prädikat «Schutz geografischer Herkunft». Aber auch die Bohnen aus Rotonda, mitten im Landschaftsschutzgebiet des Pollino, garantieren hohe Qualität aus natürlichen Anbaumethoden.

Die getrockneten cremig-weißen Dicken Bohnen, auch Saubohnen oder in Goethes Italien-Aufzeichnungen «Pferdebohnen» genannt, gehören nicht nur zu den traditionellen Grundnahrungsmitteln, sondern werden bis heute wegen ihres milden Geschmacks als Delikatesse weit über die Landesgrenzen hinaus geschätzt. In Deutschland kommen die Bohnen aus der Basilicata fast nur getrocknet in den Handel. Wegen ihrer kurzen Garzeit eignen sich für das Püree die gebrochenen Bohnenstücke, die in Beuteln verpackt angeboten werden.

Zu dem milden Saubohnenpüree bildet der scharf-bittere, gedünstete Löwenzahn eine ideale Ergänzung. Anders als der in Deutschland wachsende sind seine Blüten von einer zartlila Farbe und die Blätter fester, fast ledrig. Früher wurde der Löwenzahn auf Feldern und an den Wegrändern ausgegraben. Genießbar war er nur vom Herbst bis zum Frühjahr, und seine frischen grünen Blätter boten eine vitaminreiche, leicht bitter schmeckende Abwechslung zu den eingelegten und getrockneten Vorräten. Heute wird der Löwenzahn in kultivierter Form unter dem Namen *Cicoria* angeboten, nicht zu verwechseln mit dem uns bekannten kompakten, weißen Chicorée. Die *Cicoria* ist dem Mangold farblich und in der Größe ähnlich und auf Märkten oder in gut sortierten Gemüsehandlungen zu kaufen. Die Blätter der gezüchteten Pflanzen sind weicher und größer, die Stiele länger, und sie enthalten weniger Bitterstoffe als die wilden Originale.

250 g getrocknete Saubohnen
3 mittelgroße Tomaten
1 kleine Stange Staudensellerie
1 kleine Zwiebel
Olivenöl
Salz, Pfeffer, Oregano

Die Bohnen waschen, in einem mittelgroßen Topf in kaltem Wasser aufsetzen, zwei Tomaten viertlen und entkernen, den Stangensellerie und die Zwiebeln fein würfeln und dazugeben, Salz und Pfeffer nach Geschmack. Einmal aufkochen lassen, dann auf kleiner Flamme unter gelegentlichem Rühren etwa eine halbe Stunde zu einem Brei zerkochen lassen. Größere Bohnenstücke können anschließend noch mit dem Pürierstab zerkleinert werden.

1 kg Löwenzahn
1 Knoblauchzehe
1 scharfe rote Pfefferschote
Olivenöl
Salz, Paprika

Die Stiele der Löwenzahnblätter kürzen, bis keine Milch mehr austritt und gründlich in lauwarmem Wasser waschen, um die Bitterstoffe herauszuziehen. In einem Topf Salzwasser zum Kochen bringen, den Löwenzahn darin etwa zehn Minuten garen. In einer großen Pfanne Olivenöl erhitzen, den feingeschnittenen Knoblauch und die Pfefferschote hinzugeben und kurz andünsten. Die Löwenzahnblätter tropfnaß in das heiße Öl geben und kurz darin schwenken, eventuell noch eine halbe Tasse des Kochwassers hinzufügen. Das Saubohnenpüree in die Mitte des Tellers geben, mit einigen Tomatenwürfeln dekorieren, mit Oregano bestreuen und ein wenig Olivenöl darüber gießen. Den Löwenzahn kranzförmig außen herum verteilen. Dazu frisches Weißbrot reichen.

Ein ideales Wintergericht. Das Saubohnenpüree und der Löwenzahn halten sich im Kühlschrank drei bis vier Tage. Beim Aufwärmen miteinander vermengt, soll sich der Genuß noch steigern.

Fagioli con Finocchi Bis in die siebziger Jahre hinein gehörten Bohnengerichte im Winter zum alltäglichen Speiseplan. Die reifen Hülsenfrüchte, zur Erntezeit gesammelt und getrocknet, galten in den kargen Bergregionen als Delikatesse. Jede Familie entwickelte ihre eigenen Rezepte. Fenchel ist ein Wintergemüse und schmeckt frisch als Rohkostsalat genauso gut wie gedünstet oder geschmort. Für die Bohnensuppe wird nur das zarte, faserige, grüne Kraut verwendet, das aus der Knolle des sehr frischen Fenchels wächst und hierzulande meist im Abfall landet. Der Sud und das Kraut haben eine sehr beruhigende Wirkung auf den Darm, so daß diese Bohnen-Fenchelsuppe nicht nur nahrhaft und wärmend, sondern auch sehr bekömmlich ist.

250 g braune Bohnen
200 g Fenchelkraut
2-3 Knoblauchzehen
Olivenöl
Salz, Pfefferschoten, Pfeffer

Die Bohnen waschen, in kaltem Wasser aufsetzen und aufkochen lassen, dann je nach Qualität der Bohnen zwei bis drei Stunden auf kleiner Flamme weich garen. Nach etwa der Hälfte der Garzeit ein bis zwei Eßlöffel Salz hinzufügen. Das Fenchelgrün waschen, klein schneiden und in kochendem Salzwasser blanchieren. In einer Pfanne Knoblauch und Pfefferschoten in Olivenöl erhitzen und das tropfnasse Fenchelgrün kurz darin schwenken, einige Eßlöffel des Suds hinzufügen. Kurz vor dem Servieren in die Bohnensuppe geben. Mit Salz abschmecken. Eine Scheibe trockenen Weißbrots in einen Suppenteller legen und mit der Bohnenfenchelsuppe auffüllen.

In der winterlichen Basilicata gibt ein großzügig bemessener Schuß guten Olivenöls diesem Gericht die richtige Würze. An Sonntagen konnte es auch mal ausgelassener geräucherter Speck sein, und manchmal ließ sich sogar ein Stück gepökeltes Schweinefleisch darin finden.

Caponata alla Muntagnola Diese ungewöhnliche Variante schmeckt als kalte Vorspeise im Sommer genauso gut wie als heißes Hauptgericht im Winter. Die Vorbereitung ist recht zeitintensiv. Aber wie so viele Gerichte der süditalienischen Küche schmeckt die *Caponata alla Muntagnola* besonders gut, wenn sie bereits am Abend vorher zubereitet wird, damit die Aromen der einzelnen Zutaten durchziehen und ihren vollen fruchtig-süßlichen Geschmack entfalten können.

4-6 Auberginen
2 kg geschälte Tomaten
2-3 Stangen Staudensellerie
1 kleine Zwiebel
125 g Sultaninen

125 g Pinienkerne
1-2 Eßlöffel Zucker
40 g gehackte Mandeln
2-3 Eßlöffel Balsamico Essig oder Wein
Olivenöl
Salz, Pfeffer
2-3 l Pflanzenöl zum Frittieren

Die Auberginen in gerade noch mundgerecht große Würfel teilen, leicht salzen und etwa dreißig Minuten zum Entwässern ruhen lassen. Die Zwiebel und eine Stange Sellerie in sehr feine Stücke hakken. Öl in einem großen Topf erhitzen, Zwiebeln und Sellerie darin andünsten. Dann die Rosinen und Pinienkerne dazugeben und unter Rühren anrösten, bis die Sultaninen prall und hell geworden sind. Mit den geschälten Tomaten vermischen. Aufkochen lassen und unter gelegentlichem Rühren etwa eine Stunde auf kleiner Flamme zu einer sämigen Sauce einkochen lassen. Den Balsamico-Essig oder Wein und den Zucker hinzufügen.

Das Pflanzenfett in einem großen Topf erhitzen. Die Auberginen darin goldbraun frittieren, abtropfen lassen und in eine Auflaufform geben. Die heiße Tomatensauce darübergießen. Anschließend mit dem restlichen feingewürfelten Sellerie garnieren. Die gehackten Mandeln in einer Pfanne mit etwas Öl anrösten und kurz vor dem Servieren die Caponata damit dekorieren.

Baccalá

Etliche Fische aus den mediterranen Gewässern werden zu *Baccalá* verarbeitet. *Baccalá* ist eingesalzener und getrockneter Stockfisch, Klippfisch oder Salzhering. Diese nordisch anmutende Fischspezialität hat vor Jahrhunderten Einzug in die Küche Italiens und der Basilicata gehalten. Doch auch hier findet sich eine religiös beeinflußte Erklärung. Traditionell erlaubte die katholische Kirche an Fastentagen kein Frischfleisch, also strenggenommen auch keinen frischen Fisch. Die gedörrten Scheiben des *Baccalá* erinnern in der Größe an Schuhsohlen und halten sich über Jahre. Der kräftig würzige Geschmack ist nicht jedermanns Sache, aber obwohl frischer oder tiefgekühlter Fisch heutzutage überall leichter und preiswerter zu erstehen ist als Stockfisch, fehlt Baccalá in Italien und anderen Mittelmeerländern auf kaum einer Speisekarte. Entsprechend riesig ist die Anzahl der Rezepte. Hier finden sich vier Variationen der Zubereitung. Als Sauce für die Pasta am Heiligen Abend, als *Secondo piatto* bzw. Hauptgericht oder reichhaltige Vorspeise, als kräftige Fischsuppe mit Kartoffeln oder frittiert mit Zitrone und Petersilie angerichtet. Eine lukanische Wintermahlzeit, die in der Zeit von November bis März zubereitet wird, wenn in den Bergen nur wenig Frisches auf den Tisch kommt.

Auch *Baccalá* ist eine Speise der kleinen Leute. Die Vorbereitung beginnt schon einige Tage vor der Zubereitung mit dem Einweichen, damit aus den steinharten, dünnen Stücken wieder ein genießbarer Fisch mit festem, faserigen Fleisch wird.

Baccalá di natale
400 g Stockfisch
500 g Cherrytomaten
2-3 Zwiebeln etwa 150 g
150 g Rosinen
Olivenöl
Salz, Pfeffer

Den Stockfisch zwei bis drei Tage wässern, dabei das Wasser mehrmals täglich wechseln. Kurz vor der Zubereitung aus dem Wasser nehmen und abtropfen lassen. Den Boden eines mittelgroßen Topfes sparsam mit Olivenöl ausgießen, die feingeschnittenen Zwiebeln darin glasig werden lassen, die Rosinen hinzufügen und andünsten, bis sie prall und hell geworden sind. Dann die halbierten Cherrytomaten und den mundgerecht geschnittenen Stockfisch hinzugeben. Die Sauce etwa zwanzig Minuten zugedeckt auf kleiner Flamme ziehen lassen.
Dazu schmecken am besten hausgemachte Fusilli, Tagliatelle oder andere breite Bandnudeln, die kurz vor dem Servieren noch einige Minuten in der Sauce mitkochen, um das Aroma voll aufzunehmen.

In einer ebenfalls äußerst schmackhaften und gehaltvolleren Variante wird alles um einige Oliven, je eine Handvoll Walnußkerne, Mandeln und geröstete Brotkrumen ergänzt.

Baccalá ai Peperoni

150-200 g Stockfisch pro Person
5-7 getrocknete Paprikaschoten pro Person
1 Bund Petersilie
1-3 Knoblauchzehen
Paprikapulver, Salz, Pfeffer
Olivenöl

Den Stockfisch nach dem Wässern in kochendes Salzwasser geben und fünfzehn Minuten ziehen lassen. Großzügig Olivenöl in eine Pfanne geben. Eine kleine Knoblauchzehe mit den Fingern aufdrücken und im Öl anbräunen. Dann die getrockneten Paprikaschoten hinzugeben, kurz in dem Fett anrösten und sofort wieder herausnehmen. Nun einen gehäuften Teelöffel Paprikapulver in die Pfanne geben. Den Stockfisch mit der Schaumkelle aus dem Wasser schöpfen, abtropfen lassen und ebenfalls kurz in dem mit Paprika gewürzten Olivenöl schwenken. Portionsweise auf großen flachen Tellern anrichten, mit den gerösteten Paprikaschoten und einigen Blättern Petersilie garnieren. Schmeckt auch kalt, mit Zitrone und Knoblauch angerichtet.

Gerichte mit Fleisch

«Sie richtete die Ziegenköpfe *a reganate* in einer Tonschüssel her, die in Asche gestellt und mit Asche bedeckt wurde, nachdem sie das Hirn mit duftenden Kräutern und einem Ei vermischt hatte. Aus den Eingeweiden machte sie die *gnemurielli*, indem sie sie wie einen Wollknäuel um ein Stück Leber oder Speck mit einem Lorbeerblatt wickelte und sie am Spieß über dem Feuer briet: der Geruch des röstenden Fleisches und der graue Rauch zogen durch das Haus und auf die Straße als Verkünder einer barbarischen Leckerei.» (Carlo Levi, um 1935)

Fleischgerichte gehörten in der Küche des Alltags eher zu den Ausnahmen. Die Kochkunst von Giulia, der Haushälterin Carlo Levis zeigt, daß Teile zubereitet werden, die heutzutage auch in besten Biofleischereien oder auf Bauernmärkten kaum noch erhältlich sind. Sie zählen inzwischen eher zu den Abfällen. Doch in der Basilicata lassen sich Keulen, Rippen, Schultern und Filet erst in der wohlhabenden Küche des *Benessere* finden. Das sorgfältig gemästete Schwein sorgte für Fleisch und Wurst. Angela erinnert sich an *Retina*, eine feine fetthaltige, netzartige Schicht, die sämtliche Innereien des geöffneten Tieres zusammenhält und schützt. Gerade diese Hülle wurde in kleine Stücke geschnitten zu *Braciole* oder *Gnemurielli* verarbeitet und über offenem Feuer gegrillt.

Am 17. Januar ist der Festtag *Santo Antonio Abate.* Von diesem Datum an wird der Karneval und die anschließende Fastenzeit vorbereitet. Da begann jeder, der ein Schwein besaß, dieses zu schlachten und zu verarbeiten. Dieser Tag gehörte zu den wichtigsten Ereignissen der Landbevölkerung, weil hier die Fleischvorräte für den Rest des Jahres angelegt wurden. Mit den besten Fleischstücken bereitete man die *Sopressata* zu, eine Salamisorte, die in den Dickdarm gefüllt und anschließend in eine rechteckige Form gepreßt wurde. Aus winzigen Einstichen konnten die restliche Flüssigkeit und das überschüssige Fett abfließen. Eine *Sopressata* hält sich auch ohne Kühlung über Jahre. Mit Gewürzen vermengte Speck- und Fleischwürfel ergaben verschiedene andere unverderbliche Würste. Schmalz wurde ausgelassen, das Blut aufgefangen und mit Zucker und Mehl zu einem süßen Kuchen verarbeitet, Schinken und Nackenspeck an dicken Haken nahe des Kamins aufgehängt, luftgetrocknet und geräuchert. Nur wenig Fleisch wurde frisch verzehrt. Das meiste kam konserviert in die Vorratskammer.

Francesca Lufrano aus Terranova sammelt die überlieferten Legenden der Hirten und Bauern aus den Bergen. Von ihr stammt auch folgende Geschichte: Ein Schwein und ein Esel lebten gemeinsam in einem Stall hoch oben in den Bergen. Jeden Tag mußte der Esel schwer beladen die steilen Hänge herauf- und herabklettern. Das Schwein dagegen vergnügte sich im Stall, konnte spielen und fressen, wann immer und soviel es wollte. Eines Abends, in der Stille der einbrechenden Nacht, war das satte

Schwein in übermütiger Stimmung und sagte stichelnd zum Esel: «Was bist du doch für ein armer Dummkopf. Ich muß mich jeden Tag ein bißchen mehr wundern. Du erlaubst dem Bauern, dich so schlecht zu behandeln, schuftest den ganzen Tag, läßt dir schwerste Lasten aufladen, manchmal trägst du außerdem noch die Kinder und die Herrschaften. Und wie danken sie es dir? Mit einem mageren Bündel Heu am Abend und etwas Stroh für deinen Schlafplatz! Schau mich dagegen an. Ich fresse und spiele so viel ich nur will, und unsere Herrschaften sind darüber so glücklich, daß sie mich am Abend mit den üppigsten und leckersten Mahlzeiten verwöhnen.» Der Esel wendete langsam seinen Kopf und schaute sem Schwein tief in die Augen. Während er einen Bissen Heu herunterschluckte, antwortete er mit teilnahmsvoller Stimme: «Genau das gleiche hat mir einer deiner Artgenossen erzählt, mit dem ich im letzten Jahr den Stall teilte.»

Glücklich konnte sich schätzen, wer mehrere Schweine besaß, denn wer im Januar eins von ihnen schlachten konnte, war bis zum Karneval mit Frischfleisch und nach der Fastenzeit für den Rest des Jahres mit Speck, Fleisch, Wurst, Gepökeltem, Schinken und Schmalz versorgt. Die Milch der Ziegen und Schafe wurde zu Käse weiterverarbeitet, und zu Ostern konnte auch ein Lammgericht den Speisezettel erweitern. Der Wohlstand einer Familie ließ sich an der gefüllten Vorratskammer messen, und dieser war nicht nur abhängig von der Ernte, sondern auch von den Nutztieren. Kälber und Rinder waren der pure Luxus, aber in kaum einem Haushalt fehlten Schweine, Ziegen, Schafe, Kaninchen und Hühner. In den ärmlichen Katen lebten sie mit den Menschen unter einem Dach, im Winter oft sogar noch in demselben Raum. Die Betten waren hoch gebaut; darunter schliefen die Tiere und sorgten für Wärme.

In den wenigen nach der Rodung im achtzehnten Jahrhundert verbliebenen Eichenwäldern an den Hängen der Berge lebten Wildschweine, deren Jagd allerdings den Feudalherren vorbehalten war. Doch auch die strengen Strafen für Wilderei schreckten damals wie heute einige Verwegene nicht ab, das unerlaubte Wildbret zu jagen.

In entlegenen Landgasthöfen kann ein Gast durchaus das Glück haben, vor dem kurzgebratenen Filet vom Wildschwein mit einer würzigen Salami und kräftigen Fleischsauce von dem gleichen Tier zur hausgemachten Pasta verwöhnt zu werden.

Doch weit häufiger stehen heute Lammgerichte auf der Speisekarte. Im «Luna Rossa» in Terranova, einem bekannten Restaurant mit traditioneller lukanischer Küche, zählt eine gegrillte, mit Lorbeer, Knoblauch und Pfeffer gewürzte Lammkeule *Coscia della sposa*, der sogenannte Brautknochen, zu den Spezialitäten des Hauses. Der «Brautknochen» sollte den frischvermählten Bräutigam trösten, während der Großgrundbesitzer sein «Recht der ersten Nacht» mit der jungfräulichen Braut durchsetzte.

Die Zubereitung der Lammkeule ist einfach. Das Fleisch großzügig mit Lorbeerblättern, Knoblauch und einer Paste aus Schweineschmalz mit Salz und Pfeffer spicken. Beim Einschneiden nicht zu dicht an den Knochen herankommen, sonst verliert das Fleisch den Eigengeschmack. Während des Bratens mit Wein begießen. Bei der Lammkeule rechnet man etwa eine Stunde Garzeit pro Kilo Fleisch.

Im Spätfrühling und Sommer kamen Lammgerichte eher als Eintopf auf den Tisch, der mit wildwachsendem Zutaten beliebig gestreckt werden konnte. Die wohlhabenden Bauern schlachteten dafür eine Heidschnucke. Bei den Hirten in den Bergen sorgte ein plötzlich verendetes Tier der Herde, wobei dem Zufall öfter nachgeholfen wurde, für ein Festmahl. Lamm nach Art der Hirten bezeichnet eine Delikatesse aus einem großen Topf, der an besonderen Tagen auf dem Feuer brodelt.

Castrato alla Pastorale

2 kg Lammfleisch mit Knochen (Keule, Rücken)
250 g Cherrytomaten
1 mittelgroße Zwiebel
1 kleine Stange Sellerie
1 Pfefferschote
1 Knoblauchzehen
1-2 Stiele Rosmarin

1-2 Stiele Salbei
1-2 Stiele Thymian
1-2 Stiele Oregano
1 Eßlöffel Pfefferkörner
Salz, Pfeffer
Olivenöl

Die Heidschnucke in faustgroße Teile portionieren, ohne die Knochen oder das Fett wegzuschneiden. Olivenöl in einem großen Topf erhitzen, die grob geschnittene Zwiebel, Knoblauchscheiben, Selleriewürfel, Pfefferschoten und die Kräuter hinzufügen. Das Fleisch darin anschmoren. Die Cherrytomaten entkernen und dazugeben. Mit den Pfefferkörnern sowie dem Salz und Pfeffer nach Geschmack würzen. Bei kleiner Flamme zugedeckt unter gelegentlichem Rühren mindestens eine Stunde schmoren lassen.

Das Fleisch wird sehr zart mit einem milden Aroma von Frühsommer in einer wunderbar würzigen Sauce, die sich hervorragend mit frischem Weißbrot auftunken läßt.

Agnello alla Contadina

2 kg Lammkoteletts oder Lammkeule
1 kg Kartoffeln
1 mittelgroße Zwiebel
500 g Cherrytomaten
1-2 Stiele Rosmarin
1-2 Stiele Salbei
1 Handvoll Petersilie
1-2 Knoblauchzehen
Salz, Pfeffer
Olivenöl

Eine große Auflaufform mit Olivenöl ausstreichen. Das Lammfleisch in etwa faustgroße Stücke portionieren, mit einem Teil der Kräuter und Gewurze sowie etwas Olivenöl vermischen und in die Auflaufform geben. Die geschälten und grob gewürfelten Kartoffeln, die Cherrytomaten sowie die restlichen Kräuter und Gewürze *darüber verteilen und mit dem Fleisch vermengen, damit die einzelnen Aromen gut in das Fleisch und die Kartoffeln dringen können. Bei 200 Grad mindestens eine Stunde im Backofen garen lassen. Dazu schmeckt ein kräftiger Rotwein aus der Aglianicotraube.*

Coniglio in caponata Diese Caponata hat eine säuerlich-pikante Geschmacksnote, die dem zarten Kaninchenfleisch ein volles Aroma verleiht.

2 kg Kaninchenrücken und/oder -keulen mit Knochen
4-6 mittelgroße Auberginen
75 g Kapern
4-5 Sardellen
50 g entkernte schwarze Oliven
1 mittelgroße Zwiebel
2-3 Stiele Rosmarin
2-3 Stiele Salbei
Olivenöl
Salz, Pfeffer

Die Kaninchenteile mit einem scharfen Messer in faustgroße Stücke zerteilen, waschen und in eine gut eingeölte Auflaufform füllen. Mit Rosmarin, Salbei, Salz und Pfeffer würzen. Die Kaninchenstücke großzügig mit Olivenöl einreiben, damit das fettarme Fleisch nicht austrocknen kann. Etwa zwanzig Minuten bei 200 Grad im Ofen anbraten, bis das Fleisch leicht gebräunt ist. In einem Topf Olivenöl erhitzen, Zwiebel, Oliven und Sardellen kleinschneiden. Zusammen mit den Kapern darin andünsten. Die mundgerecht gewürfelten Auberginen dazugeben und etwa zehn Minuten schmoren lassen. Mit Salz und Pfeffer würzen.
Der heiße Caponata zum Kaninchen geben und bei 150 Grad noch etwa zwanzig bis dreißig Minuten ziehen lassen. Aus dem Ofen heraus servieren.

Die Jäger hatten weniger Zutaten zur Hand, wenn sie einen frischerlegten Hasen zubereiten wollten. Ihnen reichten einige Knollen der am Wiesenrand wachsenden wilden Zwiebel, ein wenig Olivenöl und Salbei, um ein schnell und absolut einfach zubereitetes schmackhaftes Mahl auf das Feuer zu bringen. Für das *Coniglio alla Cacciatore* wird das handlich portionierte Kaninchen in reichlich Olivenöl angedünstet, dann mit der Zwiebel abgeschmeckt, auf kleiner Flamme geschmort und mit Salbei gewürzt.

Braciole schmecken wunderbar. «Umarmungen» lautet die Übersetzung der ursprünglich aus einer Hautschicht des Schweines gegrillten Fleischröllchen im Dialekt der Basilicata. Im Norden Italiens sind sie als Involtini (Eingewickelte) bekannt. Roher oder gekochter Schinken, würzige Wurstsorten oder dünne Käsescheiben können vom Fleisch umhüllt werden oder eine Mischung aus Brot, Rosinen, Pinienkernen und Zwiebeln. Angelas Nichte Donata erweitert dieses Gericht gerne noch mit fein gewürfeltem Hackfleisch, dicken Stücken ihrer hausgemachten, mettwurstähnlichen Schweinesalami sowie einigen Fleischstücken von Lamm, Rind oder Schwein und nennt es *Ragout di quattro Carni*. Hier Angelas Grundrezept der lukanischen Rouladen für den verwöhnten Gaumen. Es gelingt auch Anfängern.

1 kg Rouladenfleisch (Rind-, Kalb-, Schweine- oder Putenfleisch)
150 g Butter oder Schmalz
2 Bund Petersilie
200 g geriebener Pecorino oder Parmesan
4-6 Eßlöffel Cognac, Grappa oder Rotwein
2-3 große Dosen geschälte Tomaten
1 Teelöffel Pfefferkörner
3-4 Knoblauchzehen
Zahnstocher
Olivenöl
Salz, Pfeffer

Das Rouladenfleisch in hauchdünne, etwa kinderhandgroße Scheiben schneiden, nebeneinander auf die Arbeitsplatte legen und kurz mit dem Fleischklopfer bearbeiten, um es mürbe und zarter zu machen. Die einzelnen Scheiben mit einer Prise Salz und Pfeffer bestreuen, auf das untere Drittel jeweils einen gut gehäuften Teelöffel feingeriebenen Pecorino oder Parmesan, eine kleine Portion Butter oder Schmalz, ein bis zwei streichholzdünne Streifen Knoblauch und sechs bis acht Blätter Petersilie geben. Das Fleisch vorsichtig etwa daumendick zusammenrollen und mit einem Zahnstocher feststecken. In einem großen Schmortopf eine großzügige Menge Olivenöl mit einer Knoblauchzehe erhitzen und die Fleischröllchen darin anbraten, bis ein großer Teil der Flüssigkeit verdampft ist. Einen kräftigen Schuß Cognac und die Pfefferkörner dazugeben.

Die Tomaten in eine Schüssel geben und zerdrücken. Nach Geschmack salzen und pfeffern, dann über das Fleisch gießen und aufkochen lassen. Auf kleiner Flamme gut zwei Stunden ziehen lassen. Kurz vor dem Servieren den Rest der Petersilie klein schneiden und hinzufügen. Mit Salz und eventuell einer scharfen Pfefferschote nachwürzen.

Als Hauptgericht acht bis zehn Röllchen pro Person mit etwas Sauce auf einem Teller anrichten. Als Beilage eignet sich ein gemischter Salat aus kräftig schmeckenden Sorten, beispielsweise Römersalat, Endivien, Rucola und Radicchio. Einen wunderbaren Vorgeschmack auf das Hauptgericht liefert die Fleischsauce, über Fusilli oder Fettucine als Pastagang serviert. Braciole schmecken auch kalt.

Arista di Maiale con Arance fritte di Tursi Man erzählt sich, daß die Sarazenen vor ungefähr tausend Jahren eine Frucht mit einer goldgelben Schale nach Tursi brachten, die sie *Portogallo* nannten. Im Tal der Madonna di Angolona o Pandosia kultivierten sie die ersten Orangenhaine. Die Sarazenen waren die einzigen, die eine geschälte Frucht essen durften, in Scheiben geschnitten und mit Zimt gewürzt. Den kolonialisierten Einwohnern von Tursi dagegen blieb nur die Schale. Sie schnitten sie in feine Streifen, kochten sie in Zuckerwasser und erhielten so *Gileppo,* ein Gelee, das noch heute beliebt ist. Weil es den Arabern verboten war, Schweinefleisch zu essen, erlaubten sich die Tursianer einen stillen Widerstand. Im Wissen darüber, daß die Araber dieses Gericht niemals probieren würden, brieten sie Schweinerippchen in Speck und würzten sie mit Orangengelee. Die Anekdote und das Rezept stammt aus dem Kochbuch «La storia a Tavola» von Federico Valincenti. Er hat das überlieferte Rezept der *Arista di Maiale con Arance fritte di Tursi* um getrocknete Paprikaschoten und zwei Tropfen Trüffelessig erweitert. Es gehört als *Secondo Piatto* zu seinem Menü «A tavola con i Lucani», die mit einer Bohnencreme und einem Salat aus gesottenen Pilzen eingeleitet wird und durch Ziegenkäse mit Orangenhonig oder Kastaniencreme und frische Erdbeeren mit Feigensauce abgerundet wird.

5 große Rippenstücke oder Kotelette
2 Orangen
1 getrocknete Paprika
2 Tropfen Trüffelessig
Salz, Olivenöl

Die Orange schälen, die Schale in lange, dünne Streifen à Julienne und die Frucht in runde Scheiben schneiden. Die Schweinerippen weich klopfen und salzen. Nun wird in einer großen Pfanne Olivenöl erhitzt und pro Fleischstück drei Streifen der Orangenschale angeröstet. Dann kommt das Fleisch dazu. Wenn es Farbe annimmt, werden die Orangenscheiben beigefügt und für etwa fünf Minuten angeschmort, bevor die grob zerkleinerte Paprikaschote hinzugegeben wird. Kurz bevor die Pfanne vom Herd genommen wird, runden die zwei Tropfen Trüffelessig das feine Aroma ab.

Nicht nur ein Vergnügen für den Gaumen sondern auch eins für die Augen: die Rippchen werden von einem Hahnenkamm aus den dünnen Streifen der Orange gekrönt und von den Scheiben der Frucht gerahmt.

Cucina Nuova

In den fünfziger Jahren wurden die fast unbewohnten, malariaverseuchten Gebiete an den Küsten des Ionischen Meeres trockengelegt und besiedelt. Wer heute durch diese Ebene reist, erkennt kaum noch, daß dort in der Antike bereits die Schiffe der Griechen anlegten. Die nahegelegenen Hochebenen besiedelten und die Bergspitzen befestigten, um die gesamte Region überwachen zu können. Schlichte weißgekalkte, meist mehrstöckige Häuser säumen die Straßenzüge der neuangelegten Ortschaften. Um die entsetzliche Armut im *Mezzogiorno* zu bezwingen, versprachen nach dem Zweiten Weltkrieg verschiedene großangelegte Regierungsprogramme den Bergbauern und Hirten hier eine Zukunft in Wohlstand. In Scanzano, das heute knapp fünftausend Einwohner zählt, fanden über tausend Familien aus mehr als fünfzig Bergdörfern eine neue Heimat. Einen Anreiz boten die gleichgroßen genormten Parzellen, bestehend aus einem kleinen, an Kanalisation und Elektrizität angeschlossenen Haus und einem Stück Land, das bewirtschaftet werden sollte. Die Regierung gab das verheißungsvolle Versprechen von regelmäßiger, gutbezahlter Arbeit in der ebenfalls neu angesiedelten chemischen Industrie. Doch die Fabriken konnten sich zum Teil nicht halten. Inzwischen haben sich die umgesiedelten Bewohner wieder ihrer Tradition erinnert. Sie betreiben Ackerbau und Viehzucht in der traditionellen Art und Weise, ohne die Erschwernisse der karstigen abgelegenen Bergregionen, jedoch unter Ausschöpfung sämtlicher Möglichkeiten moderner und meist biologisch-ökologischer Landwirtschaft. Das ehemalige Sumpfgebiet der Flußmündungen von Agri und Sinni mit seinen fruchtbaren Böden liefert heute mit Wein, Käse, Olivenöl, Obst und Gemüse qualitativ hochwertige Produkte, die weit über die regionalen Grenzen hinaus bekannt und beliebt sind.

Damit haben sich auch die Eßgewohnheiten der Bevölkerung geändert. Das nahe Ionische Meer versorgt sie mit fangfrischem Fisch, mit Muscheln und Krabben. Auf dem saftigen Weideland der sanft ansteigenden Hügel grasen Büffelherden, Milchkühe und Schafe, deren Milch auch zu verschiedenen Käsesorten verarbeitet wird. Hunger leidet heute niemand mehr in der Basilicata. Das Essen ist abwechslungsreicher geworden. Geblieben ist allerdings die Zubereitung mit einfachen Mitteln und ein ausgeprägter Hang, vornehmlich Produkte auf den Tisch zu bringen, die in traditioneller Art und Weise hergestellt wurden.

Für die Feinschmecker in Scanzano gilt der handgerührte Mozzarella von Pasqualina Faraone als absolute Delikatesse. Inzwischen weit über sechzig Jahre alt beschränkt sie sich auf die Produktion von sechs bis acht Kilo Mozzarella und etwa zwei bis drei Kilo Ricotta täglich. Ihr Reich ist ein kleiner, blitzsauberer Raum, der an eine Waschküche erinnert. Fußboden und Wände sind bis zur Decke hin weiß gekachelt, ausgestattet mit zwei riesigen Metalltrögen, die mit tragbaren Gasbrennern beheizt werden können, etlichen Waschschüsseln und Körbchen verschiedener Größe, Wasserhähnen mit Schläuchen und ein langer Holztisch, auf dem halb unter einem Tuch versteckt eine undefinierbare weiße Masse ruht. Es ist die Vorstufe zu Provolone, die dort im Eck heranreift. Ein prüfender Griff ertastet die Konsistenz. Pasqualina muß nicht erst ein Stückchen probieren, um zu wissen, wann der richtige Zeitpunkt zur Weiterverarbeitung gekommen ist.

Seit über zwanzig Jahren kocht sie täglich Mozzarella und Ricotta aus frisch abgemolkener Büffelmilch. Über zweihundert Kühe und Büffel gehören inzwischen zu dem Bauernhof, den sie mit ihrem Mann in den fünfziger Jahren aufgebaut hat, nachdem sie ihre Heimat in den Bergen verlassen hatten. Ihr Sohn wird den Hof später übernehmen, aber sie zweifelt daran, ob die Schwiegertochter dann ihre kleine Käserei weiterbetreiben wird.

Kniehohe Gummistiefel, eine weiße Kittelschürze und ein Kopftuch bilden ihre Arbeitskluft. Frühmorgens, gleich nach dem ersten Melken, schleppt Pasqualina die Eimer mit der noch kuhwarmen Milch über den Hof, gießt sie durch ein feinmaschiges Sieb in die großen Metallbottiche und entzündet die Gasbrenner. Gut sechzig Liter verarbeitet sie nur noch, seitdem sie die Käseproduktion lediglich als liebgewordenes Hobby und für ihre hartnäckigen Stammkunden betreibt. Ihre glatten, faltenlosen Hände rühren mit einem ruderähnlichen Holzgerät die Milch, prüfen die Temperatur, fügen ein wenig Ferment und Siedesalz hinzu. Nach und nach gerinnt die Milch, während sich auf der Oberfläche unregelmäßig geformte Partikel absetzen. Pasqualina löscht jetzt den Gasbrenner und greift zu einem überdimensionalen Quirl. Mit genau abgezirkelten Bewegungen dreht sie ihn am Boden und an den Wänden des Zubers entlang, um auch noch den kleinsten Rest der geronnenen Masse abzulösen. Inzwischen ist die Milch wässerig geworden, und auf der gesamten Oberfläche schwimmt dicht an dicht flockiges Gekröse, das nun mit einem Abtropfsieb abgeschöpft wird und in kleinen Hügeln auf der Tischfläche landet, lauwarm und leicht salzig schmeckend. Jetzt ruht die Produktion des Mozzarella.

Unten am Trog ist ein kleiner Hahn, durch den die trübe Flüssigkeit ablaufen kann. Doch sie landet nicht im Ausguß. Pasqualina stellt eine Schüssel darunter und hält ein feinmaschiges Sieb unter den Hahn. Das wird zu Ricotta verkocht, erklärt sie, während sie die molkeähnliche Brühe in den zweiten Metallbottich umfüllt und den Gasbrenner unter ihm entzündet. Ricotta heißt wörtlich übersetzt: «nochmals gekocht», aber rätselhaft ist, wie aus dieser Flüssigkeit noch ein sahniger Frischkäse entstehen soll. Daran ändert auch ein zugefügter Eimer Milch nichts. Aber die stetige Flamme darunter setzt einen Prozeß in Gang. Je heißer die Flüssigkeit wird, desto trüber wird sie und mit dem Holzruder gerührt, wirbeln langsam zarte weiße Flocken auf und treiben wie vom Wind aufgewirbelter Schnee zur

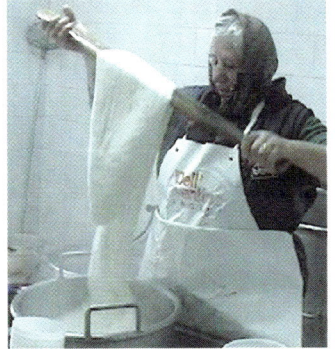

Oberfläche. Pasqualina stellt runde, kleine, löchrige Kunststoff-körbchen bereit, in denen später jeweils etwa fünfhundert Gramm Ricotta Platz finden werden. Unter stetigem Rühren steigen immer mehr Flöckchen an die Oberfläche und bilden langsam eine rahmige Schicht. Behutsam schöpft sie mit den Körbchen den Ricotta ab, stellt sie zum Abtropfen auf den Tisch, ruckelt an den Behältern, damit sich die Masse setzt und füllt sie immer wieder bis zum Rand hin auf. Fast fünf Kilo Ricotta werden es an diesem Morgen. Während er abkühlt, wendet sie sich wieder dem Mozzarella zu.

Routiniert richtet sie ihren Arbeitsplatz so ein, daß keine überflüssige Bewegung notwendig wird. In einem großen Topf hinter ihr kocht Wasser, an der Tischkante steht eine große Schüssel, links daneben liegen die klumpigen Hügel der Käsemasse. Mit einem kleinen Eimer schöpft Pasqualina kochendes Wasser in die Schüssel auf dem Tisch. In der rechten Hand hält sie einen Holzstab, der an einen Baseballschläger erinnert. Mit der linken schaufelt sie die weiße Masse in die kochende Flüssigkeit und rührt sie mit kräftigen Bewegungen des Schlägers. Dabei zieht sie die Masse über das Holz aus dem dampfenden Wasser heraus und preßt sie mit der linken Hand glatt. Mit zügigen Bewegungen gießt sie kochendes Wasser nach, rührt mit dem Holz, hebt die schwere heiße Masse hoch heraus, schiebt und preßt sie zusammen. Sie wiederholt diesen Vorgang so oft, bis etliche meterlange, geschmeidige Stränge entstanden sind, die an ein dickes Seil erinnern.

Auf dem Fußboden rechts vor ihr steht eine Plastikwanne. Ein Schlauch füllt sie stetig mit frischem kalten Wasser. Pasqualina zieht mit beiden Händen einen Käsestrang aus dem heißen Wasser, schlingt mit einer blitzschnellen Drehung einen Knoten, zieht ihn fest, reißt ihn ab und wirft ihn schwungvoll in das kalte Wasser. Ein Strang ergibt fast zwanzig Mozzarellakugeln. Bald ist die Wanne gefüllt, und es beginnt der letzte Arbeitsschritt des Vormittags. Mit wägenden Griffen tastet Pasqualina die einzelnen Kugeln, füllt mal vier, mal sechs in eine Plastiktüte und immer sind es fünfhundert Gramm, wenn ihr Blick die Skala der Waage trifft. Mozzarella muß schwimmen, also kommt ein bißchen von der Lake dazu. Im Beutel fest verknotet, warten schließlich acht Kilo auf ihre Kunden. Nicht lange. Am Nachmittag sind Mozzarella und Ricotta ausverkauft.

Gnocchi di Ricotta e Salvia   Mit diesem Gericht können auch unge-
übte Köche ihre Gäste beeindrucken. Anders als ihre traditionellen
Vorbilder aus Kartoffeln, sind sie schnell zubereitet und gelingen
immer, ohne auseinander zu fallen. Sie lassen sich auf Vorrat einfrieren und in kochendem Wasser schnell wieder auftauen. Außerdem schmecken sie köstlich. Der Teig gilt als gelungen, wenn man
ihn nicht nur von den Fingern leckt.

400 g Ricotta
150 g feingeriebener Parmesan oder Pecorino
100-150 g Mehl
1-2 mittelgroße Eier
1 Bund Salbei
1 Teelöffel Salz
1 gestrichener Teelöffel Pfeffer

*Ricotta in einer Schüssel mit dem geriebenen Hartkäse, einem
ganzen Ei, einem Eigelb, dem feingehacktem Salbei, Salz und Pfeffer
vermengen. Dann nach und nach das Mehl hinzufügen und einkneten, bis sich die Masse leicht von den Händen lösen läßt. Die Konsistenz des Ricotta bestimmt die Menge des hinzugefügten Mehls. Vorsicht auch bei zu großen Eiern. Wenn der Teig zu klebrig ist, eher
noch eine Handvoll Pecorino oder Parmesan hinzufügen und mit
Salz und Pfeffer nachwürzen, damit die Gnocchi nicht fade werden.
Jetzt gut männerfaustgroße Kugeln abteilen und den Teig mit beiden Handinnenflächen zu daumendicken Rollen formen, mit Mehl
bestäuben. Anschließend in kleine quadratische Stücke schneiden.
Die Gnocchi in kochendes Salzwasser geben und garen, bis sie an
der Oberfläche schwimmen.*

50-100 g Butter
50 g Pecorino oder Parmesan
feingehackte Salbeiblätter

*Butter mit feingehacktem Salbei in einer Pfanne schmelzen lassen,
die Gnocchi mit einer Schaumkelle abschöpfen, mit etwas Kochwasser in die Pfanne geben und kurz in der Salbeibutter schwen-*

ken. Portionsweise auf einem tiefen Teller anrichten, mit frischgeriebenem Pecorino oder Parmesan bestreuen und einigen Salbeiblättern garnieren.

Ravioli di Ricotta e Cannella Den Ravioliteig (Seite 121) mit der Nudelmaschine auf Stufe 5 zu langen, gut zehn Zentimeter breiten Streifen dünn ausrollen.

500 g Ricotta
50 g Zucker
30 g geriebener Pecorino oder Parmesan
1 Eßlöffel Zimt
1 Ei

Die Zutaten miteinander vermengen und in eine Spritztüte geben. In etwa acht Zentimeter großen Abständen teelöffelgroße Portionen der Füllung darauf geben. Den Teigstreifen zusammenklappen, mit den Handkanten die Zwischenräume fest andrücken und mit einer etwa sechs Zentimeter großen, runden Keksform halbmondförmig ausstechen. Die fertigen Ravioli mit Mehl bestäuben, damit sie nicht aneinander kleben.
In kochendes Salzwasser legen, bis sie an der Oberfläche schwimmen. Etwa zehn bis zwölf Ravioli pro Portion auf einem Teller anrichten, mit Tomatensauce übergießen, mit Pecorino oder Parmesan bestreuen und einigen Basilikumblättern garnieren. Die angegebene Menge reicht für zirka acht Portionen.
Auch diese Ravioli kann man entweder einige Tage im Kühlschrank lagern oder aber für später einfrieren.

Ravioli con Castagne Die süßen und kostbaren *Maroni* (Eßkastanien) waren früher für die Bauern der hochgelegenen Bergdörfer ein einträgliches Tauschmittel, um Weizenmehl aus den Tälern und Ebenen einzuhandeln. An kalten Herbstabenden wurden die Edelkastanien im Herdfeuer geröstet und als Knabberei angeboten. Die Idee, sie als Füllung für Ravioli zu verarbeiten, entstand erst in jüngerer Zeit.

1 kg frische Eßkastanien
500 g Ricotta
100 g Zucker
2 Eier
5 Stiele Thymian
Salz

Die Kastanien schälen, in einem großen Topf in kaltem Wasser aufsetzen und zum Kochen bringen. Nach etwa einer Stunde die Kastanien herausnehmen und nochmals schälen, um die feinen braunen Häutchen der Frucht zu entfernen. Anschließend wieder in frischem Wasser aufsetzen und kochen, bis die Maronen weich sind und fast von allein zerfallen. Das Wasser abgießen, die Kastanien durch eine Kartoffelpresse drücken oder einen Fleischwolf drehen. Die Masse mit Ricotta, Eiern und Zucker verkneten. Eine Prise Salz und feingehackten Thymian daruntermischen und ruhen lassen. Die Ravioli so zubereiten wie im vorangegangenen Rezept.
Reichlich Butter in einer Pfanne erhitzen, die fertigen Ravioli darin schwenken. Mit geriebenem Pecorino oder Parmesan servieren.

Gamberetti con Zucchine e Menta Das Zusammenrollen und Feststecken der hauchdünnen Zucchinistreifen erfordert zwar etwas Geduld, aber selbst Anfängern gelingt es immer, ihre Gäste mit dieser Vorspeise zu beeindrucken. Pro Person rechnet man fünf Röllchen, unser Rezept ist für acht Personen berechnet. Beim sommerlichen Büfett gehören die Platten mit *Gamberetti con Zucchine* zu den ersten, die nachgefüllt werden müssen.

40 geschälte Gamberetti
3-4 mittelgroße Zucchini
150 g Radicchio
1 Bund Minze
2 Zitronen
1-2 Knoblauchzehen
Olivenöl, Salz, Pfeffer
Zahnstocher

Die Shrimps waschen, den Saft der ausgepreßten Zitronen und drei Eßlöffel Olivenöl darüber geben, die Knoblauchzehen klein schneiden und hinzufügen; Salz und Pfeffer nach Geschmack. Mindestens eine halbe Stunde ziehen lassen, besser noch über Nacht.

Die Zucchini mit einem scharfen Messer oder einer Schneidemaschine der Länge nach in vierzig gleichmäßig feine, beinahe durchsichtige Streifen schneiden und leicht salzen. Den Radicchio waschen, mundgerecht schneiden und auf den Tellern verteilen. Je ein Gamberetto in eine Zucchinischeibe einrollen, mit einem Minzeblatt dekorieren und einem Zahnstocher feststecken. Auf dem Radicchiobett anrichten. Mit Limonensauce würzen.

Limonensauce
2-3 Zitronen
1-2 Knoblauchzehen
Olivenöl
Salz, Pfeffer

Die Zitronen auspressen. Den Saft mit Olivenöl, feingeschnittenem Knoblauch, Salz und Pfeffer vermischen.

Salmone al Pesto
300 g Pinienkerne
5-6 Bund Basilikum
2-3 Handvoll feingeriebener Pecorino oder Parmesan
Olivenöl

Für das klassische Pesto Genovese gilt die Regel, jeweils zwanzig Blätter Basilikum mit einem Eßlöffel Pinienkerne zu vermischen. Die Pinienkerne werden in einem Mörser oder mit einer Küchenmaschine zerstampft. Dann das gewaschene und abgetrocknete Basilikum sowie den Knoblauch hinzufügen und ebenfalls zerkleinern. Anschließend sechs bis acht Eßlöffel Olivenöl, zwei bis drei Handvoll Pecorino oder Parmesan, grobes Salz und Pfeffer dazugeben und weiterstampfen bzw. vermixen, bis ein feiner Mus entsteht. Wie alle in Olivenöl eingelegten Kräuter und Gewürze hält sich Pesto im Kühlschrank einige Wochen.

1 kg Lachsfilet für 4 Personen
400 ml Sahne
Salz, Pfeffer,
Pflanzenöl zum Braten

Den Lachs portionieren, leicht in Mehl panieren und in reichlich Pflanzenöl anbraten. Nach drei bis fünf Minuten das überschüssige Öl abgießen, die Pfanne mit der Sahne auffüllen und zum Kochen bringen. Das Pesto hinzufügen und erhitzen. Den Lachs auf großen Tellern anrichten und mit einigen Basilikumblättern garnieren. Dazu frisches Weißbrot reichen.

Dieses Hauptgericht kann auch zu einer interessanten, äußerst schmackhaften Sauce für hausgemachte Pasta abgewandelt werden. Dafür etwa 400 g Lachs in mundgerechte Stücke teilen, kurz in heißem Öl andünsten und mit Sahne sowie dem Pesto auffüllen.

Trota ai Pomodorini Die mit Tomaten gefüllten Forellen sind einfach zubereitet und schmecken wunderbar. Das Rezept gilt auch für Makrelen und andere Raubfische.

4 mittelgroße Forellen
8 Tomaten
100 g geriebenes Weißbrot
2 Knoblauchzehen
Thymian, Petersilie, Majoran
Olivenöl
Salz, Pfeffer
Zahnstocher

Den Fisch waschen und küchenfertig vorbereiten. Das Weißbrot mit den geschälten, entkernten und kleingeschnittenen Tomaten, den Kräutern und Gewürzen vermengen; eventuell mit etwas Pecorino oder Parmesan binden. Die Fische salzen und pfeffern, mit der Mischung füllen, mit Zahnstochern verschließen und in Olivenöl anbraten. Am besten schmeckt der gefüllte Fisch in einer leichten Tomatensauce mit einigen Petersilieblättern.

Seppia gratinata
> *36 kleine Tintenfische für vier Personen*
> *150 g grobgeriebenes Weißbrot*
> *1 Bund Petersilie*
> *2-3 Knoblauchzehen*
> *1 Glas Weißwein*
> *eventuell etwas Fischfond*
> *Salz, Pfeffer*
> *Olivenöl*

Die Tintenfische gründlich reinigen, salzen und pfeffern und auf ein leicht mit Olivenöl eingefettetes Backblech legen. Die kleingeschnittene Petersilie und den feingehackten Knoblauch darüber verteilen. Den Backofen auf 250 Grad vorheizen, die Tintenfische für etwa fünf Minuten darin garen lassen, dann den Weißwein und eventuell etwas Fischfond hinzufügen und weitere fünf bis zehn Minuten in den Ofen schieben. Anschließend das geriebene Weißbrot darüber streuen und nochmals drei bis fünf Minuten backen, bis das Brot eine zarte Bräunung annimmt. Die gratinierten Seppia sofort servieren.

Dolci – der krönende Abschluß

Italien ist die Heimat köstlich leichter Süßspeisen. Wer kennt nicht die verheißungsvollen Auslagen der *Pasticcerien*, in denen riesige Cremetorten mit pastellfarbenem Zuckerguß oder einer Sahneschicht mehr als einen süßen Genuß versprechen. Zartgrüne, rosa, zitronengelbe, honigfarbene oder kastanienbraune Petit Fours locken mit Füllungen aller denkbaren Geschmacksrichtungen. Die Auswahl der Eissorten, *Semifreddi* und *Granite* ist unbegrenzt, gekrönt von der unnachahmlich festen Schlagsahne.

Der Beruf des Konditors hat in Italien Tradition. Nicht zuletzt ihrer honigsüßen Kunst wegen mußte der Senat im Rom der Antike den ausufernden Banketten gesetzliche Grenzen setzen. Federico Valincenti aus Terranova hat einige der alten Rezepte wiederentdeckt. Er zaubert aus zehn Eiern, einem Liter Milch und hundert Gramm Honig eine *Zabaione*, indem er Milch und Honig vermischt, auf kleiner Flamme erhitzt, die geschlagenen Eier langsam dazugibt und unter ständigem Rühren zu einer Creme bindet.

Sehr einfach, aber kaum zu übertreffen ist der in etwas Butter oder Olivenöl geschmolzene Ziegenricotta. Er wird in der Pfanne mit dem Holzlöffel zu einer Creme gerührt, mit einer grobgeriebenen Mandel verbunden, heiß auf einem Dessertteller mit einem Löffel Kastanienhonig angerichtet und mit einem Minzeblatt oder einer Erdbeere dekoriert.

Doch auch frische Erdbeeren oder andere Früchte der Saison, versehen mit einem Sirup aus Kaktusfeigen, versprechen ungeahnte Genüsse. Die Zitronensauce, abgeschmeckt mit einem Löffel Himbeeressig, Feigensirup, Honig und feingehackter Minze unterstützt und ergänzt das Aroma der Früchte und erhebt sie zu einer Delikatesse.

Mit den «neuen» Gewürzen Zimt, Safran und Muskat aus dem Orient, die im Mittelalter ihren Weg nach Italien fanden, und dem Gebrauch des Zuckers erlebte der Berufsstand der Konditoren eine Hochkonjunktur, und spätestens seit der Einführung von Schokolade und Kaffee sind seiner Phantasie kaum mehr Grenzen gesetzt. Die hohe Zuckerbäckerkunst hat erst in der zweiten Hälfte des zwanzigsten Jahrhunderts ihren Weg in die kargen Bergregionen der Basilicata gefunden. Bonbons waren unbekannt. Geröstete Kastanien und karamelisierte Mandeln oder Nüsse verwöhnten die Kinder zu besonderen Festlichkeiten. Aus einem mit Wein und Zucker gekneteten Pastateig wurde Schmalzgebackenes. Mit Puderzucker oder Honig gesüßt, ersetzte es die Hochzeitstorte. *Cantucce* gehören zu einer beliebten, eher alltäglichen Nascherei. Diese meist steinharten dünnen Scheiben des leicht gesüßten, flachen Mandelbrotes halten sich wie Kekse über Monate. Auch aus Nüssen und Mandeln, Kastanien- oder Kichererbsenmehl, Kartoffel- oder Maisstärke hergestelltes Dauergebäck, mit Anis, Fenchel und Honig gewürzt, zählt zu den traditionellen Leckereien.

Cannoli di Ricotta

500 g Mehl

125 g Butter

3 gehäufte Eßlöffel Zucker

1 Vanillezucker

50 ml Weißwein

2 kg Schmalz oder 2 Liter Pflanzenfett zum Frittieren

1 Ei zum Verkleben der Teigrollen

Das Mehl in eine große Schüssel geben und in der Mitte vertiefen. Die Butter in kleinen Stücken in die Vertiefung geben, ebenso den Zucker, Vanillezucker und Weißwein. Aus den Zutaten einen festen Knetteig herstellen. Mindestens eine Stunde kalt stellen, besser noch über Nacht. Mit der Nudelmaschine auf Stufe 5 den Teig in gut zehn Zentimeter breite Streifen dünn ausrollen. Mit einer runden Form von etwa acht Zentimeter Durchmesser ausstechen. Zwischenzeitlich in einem mittelgroßen Topf zwei Liter Fett langsam erhitzen. Das Ei aufschlagen, trennen und das Eiweiß mit ein paar Tropfen Wasser verrühren. Dann die Teigkreise um Cannoliförmchen rollen, das überlappende Ende mit Ei bestreichen und festdrücken. Die mit Teig umhüllten Metallröhren in das siedende Schmalz oder Pflanzenfett geben und darin zwei bis drei Minuten goldbraun ausbacken. Mit einer Schaumkelle vorsichtig herausnehmen und auf Küchenkrepp abkühlen lassen. Die Schmalzrollen vorsichtig von der Form schieben, damit sie nicht brechen. Die gebackenen Cannoli bleiben drei bis vier Tage kross.

500 g Ricotta

200 g Zucker

1-2 Teelöffel Zimt

100 g kandierte Früchte

Den Ricotta durch ein feines Sieb pressen, damit eine feine Creme entsteht. Diese mit Zucker und Zimt vermischen. Ein zweites Mal durch das Sieb drücken und die feingewürfelten kandierten Früchte darunter heben. Kurz vor dem Servieren die Ricottamasse mit einem Teelöffel in die Schmalzrollen füllen.

Die *Cannoli* können mit Fruchtsoße und einigen Minzeblättern serviert werden. Pro Person rechnet man zwei Stück. Die Ricottafüllung hält sich im Kühlschrank eine knappe Woche.

Panzerotti Wer sie nicht kennt, errät nie, was in ihnen steckt. Die Antwort schwankt zwischen Mandeln und Nüssen, Fruchtmus oder Marzipan. Dabei besteht die Füllung dieser ravioliähnlichen Köstlichkeit tatsächlich aus dem Püree der Kichererbsen. *Panzerotti* waren das traditionelle Weihnachtsgebäck der lukanischen Bergbauern und Hirten.

500 g Kichererbsen
100 g Bitterschokolade
50 g Kakaopulver
200 g Zucker
1-2 Tassen Espresso
1-2 Schnapsgläser mit Sambuca oder Crème de Cacao

Die Kichererbsen in reichlich lauwarmes Wasser geben und über Nacht einweichen. Das Wasser wechseln, etwa drei Stunden weich kochen lassen. Anschließend mit Hilfe einer Kartoffelpresse, eines Pürierstabs oder einer flotten Lotte zerkleinern. Die Schokolade zum Schmelzen bringen, Likör und Espresso hinzufügen und das Kakaopulver darunter mischen. Das Kichererbsenpüree hinzufügen und zu einer festen Masse verarbeiten, die sich leicht von den Fingern löst. Die Mischung hält sich gekühlt einige Tage.

1 kg Mehl
3 Eier
125 g Butter
125 g Zucker
2 Beutel Vanillezucker
1-2 Gläser Weißwein
Pflanzenöl oder Schmalz zum Frittieren

Das Mehl mit den Eiern, der Butter, dem Zucker vermengen, den Vanillezucker hinzufügen und mit ein, zwei Gläsern trockenem

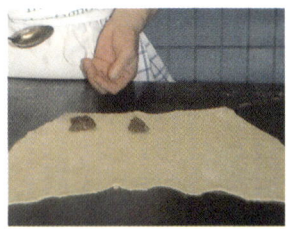

Weißwein zu einem gut formbaren, festen Knetteig verarbeiten, der von der Konsistenz an den Teig für Nudeln erinnert. Den Teig abdecken und dreißig Minuten kühl stellen, dann in kleinen Portionen mit der Nudelmaschine Stufe eins, drei, fünf in etwa achtzig Zentimeter lange und zehn Zentimeter breite Streifen ausrollen. Der Teig klebt sehr leicht zusammen, soll aber nicht mit Mehl gefestigt werden, deshalb nur kleine Teigstücke verarbeiten, die sich leicht handhaben lassen. Die Teigstreifen auf eine mit Weizenmehl bestäubte Arbeitsplatte legen, zügig in etwa handbreiten Abständen mit einer etwa teelöffelgroßen Menge der vorbereiteten Füllung versehen. Die obere Hälfte anheben, vorsichtig darüber legen, die Zwischenräume mit den Handkanten festdrücken und mit einem Teigroller z.B. Dreiecke ausschneiden. Das Pflanzenöl in einer Fritteuse oder einem großen Topf erhitzen. Jeweils fünf bis sechs Panzerotti hineingeben, mit einer Schaumkelle ganz in das Fett tauchen und etwa eine Minute frittieren, bis der Teig eine leichte Bräunung zeigt. Herausnehmen und auf Küchenkrepp abtropfen und abkühlen lassen. Panzerotti schmecken frisch am besten.

Aus dem Teig der *Panzerotti* läßt sich auch ein wunderbares Schmalzgebäck herstellen. Die auf Stufe drei ausgewalzten breiten Teigstreifen werden dazu der Länge nach mit einem Teigroller in drei bis vier schmale Streifen geteilt. Jetzt lassen sich einfach Drei-

ecke, Rhomben oder Kreise ausstechen oder Rosetten formen und frittieren. Die Kunstwerke aus Teig werden nun in Schmalz oder Pflanzenfett frittiert, bis sie leicht gebräunt sind, und anschließend mit Puderzucker oder Honig gesüßt. Dieses Gebäck zählt zu den *Sospiri*, den Seufzern, die den Gang des Brautpaares zum Schlafzimmer begleiten.

Dita degli Apostoli Schon Federico Secondo schätzte diese Süßspeise mit der ungewöhnlichen Bezeichnung. Die Erklärung ist prosaisch: *Dita degli Apostoli* verdanken den Namen ihrer Herstellung. Die mit der Ricottamasse bestrichenen Pfannküchlein werden mit einer sanften Bewegung aller zehn Finger zusammengerollt.

4 Eier für etwa 14 Pfannküchlein
100 g Mehl
125 ml Milch
1-2 Eßlöffel Zucker

Eier, Mehl, Zucker und Milch zu einem dünnflüssigen Pfannkuchenteig verrühren. Eine kleine Pfanne von etwa zehn Zentimetern Durchmesser ohne Fett erhitzen, eine kleine Menge Pfannkuchenteig hineingeben und darin schwenken, bis der Boden hauchdünn bedeckt ist. Auf niedrigster Flamme den Teig ein bis zwei Minuten fest werden lassen, bis sich die Außenkanten leicht vom Rand lösen, vorsichtig wenden und die zweite Seite noch mal eine knappe Minute leicht anbräunen. Die fertigen Pfannküchlein auskühlen lassen.

500 g Ricotta
200 g Zucker
1-2 Teelöffel Zimt

Den Ricotta durch ein feines Sieb drücken, mit Zucker und Zimt vermischen, ein zweites Mal durch das Sieb pressen und glatt rühren. Kurz vor dem Servieren je einen großzügig gehäuften Eßlöffel Ricotta in der Mitte eines Pfannkuchens verteilen und ihn zusammenrollen. Pro Portion zwei Dita degli Apostoli auf einem Teller anrichten, mit einer Fruchtsauce und einigen Minzeblättern garnieren.

Ein einfach zubereitetes und wunderbar leichtes, frisch schmeckendes Dessert. Die ausgebackenen Pfannküchlein und auch die Füllung halten sich einige Tage im Kühlschrank und lassen sich bei Bedarf in Minuten auf den Tisch zaubern.

Cantuccini alla Rachele Monacelli An den steinharten Variationen dieses Gebäcks könnte man sich leicht die Zähne ausbeißen. Nach dem Rezept von Maria Rachele Monacelli dagegen gelingt das Mandelbrot knusprig leicht und läßt sich auch ohne Vorweichen in Kaffee, Tee oder heißer Schokolade genießen. Diese lockere Konsistenz entsteht durch die Verwendung von *Magnesio*, ein Backtriebmittel, das in Deutschland leider nur schwer zu erwerben ist. Sowohl Bikarbonat als auch eine höhere Dosierung des Backpulvers erzielen nicht die gleiche Wirkung, aber sie beeinträchtigen auch nicht den Geschmack und sind deshalb als Alternative möglich.

1 kg Mehl
12 Eier
700 g Zucker
50 g Backmagnesium
1 Zitrone
1 gestrichener Teelöffel Backpulver
500 g Mandeln

Die Eier mit dem Zucker so cremig rühren, daß die Bewegungen des Mixers ein bleibendes wellenförmigen Muster hervorbringen. Das Mehl zusammen mit dem Magnesio oder Bikarbonat und dem Backpulver in ein Backsieb geben und mit einem Holzlöffel unter die Eiermasse geben. Die Schale einer Zitrone abreiben und mit den ungeschälten Mandeln in den Teig einrühren. Den festen Biskuitteig herstellen, in etwa kinderarmdicken Rollen auf ein gefettetes und mit Mehl bestäubtes Backblech streichen und bei 200 Grad im vorgeheizten Backofen trocknen lassen, bis die Rollen eine leicht bräunliche Färbung annehmen. Dann die Hitze zurückstellen und weitere fünf bis zehn Minuten backen lassen. Das Blech herausziehen, die noch heißen Mandelbrote in einen Zentimeter breite Scheiben schneiden und diese flach ausgebreitet nochmals für etwa fünf Minuten in den auf kleinste Stufe gestellten Backofen schieben, bis die Kekse von allen Seiten leicht gebräunt sind. Das Gebäck hält sich in Beuteln oder Dosen über Monate.

Torta d'Arance di Anna Caputo Dieses Rezept ist eine wunderbar leichte Alternative zu schweren Cremetorten.

3 Eier
150 g Zucker
150 g Mehl
50 g Kartoffelstärke
100 g Butter
1 Päckchen Backpulver
Den Teig kann man mit einer Prise Salz, der abgeriebenen Schale einer Orange oder etwas Orangenaroma noch verfeinern.

Die Eier in einer Schüssel aufschlagen und sie mit dem Zucker zu einer cremigen, fast steifen Masse rühren. Den Mixer dabei zunächst auf kleinste Stufe stellen, diesen auch in der Schüssel nur im Uhrzeigersinn bewegen und langsam das Drehtempo erhöhen. Die letzten zwei, drei Minuten darf er in Höchstgeschwindigkeit arbeiten. Das Weizenmehl mit der Kartoffelstärke und dem Backpulver in ein Sieb geben und langsam mit einem Holzlöffel unter die Eimasse rühren. Auch hier gilt es, die Drehrichtung genau einzuhalten. Laut Angela und den Köchen der Muntagnola sind sämtliche Süßspeisen so delikat in der Handhabung, daß man kein Risiko eingehen sollte, das zu optisch und geschmacklich mißglückten Ergebnissen führen könnte. Die Butter in einer Pfanne zum Schmelzen bringen und vorsichtig unter den Teig heben. Diesen sofort in eine gefettete und mit Mehl bestäubte Springform geben und zwischen dreißig und vierzig Minuten bei 200 Grad backen. Den goldgelb-gebräunten Kuchen zum Abkühlen auf eine Tortenplatte legen und, sobald er keine Hitze mehr abgibt, einmal in der Mitte des Kuchens quer mit dem Messer einschneiden. An die Schnittkante ein langes Stück Zwirn legen und in einer geraden Linie durch den Kuchen ziehen. Die obere Hälfte vorsichtig abheben und zur Seite legen.

200 g frischgepreßter Orangensaft ohne Fruchtfleisch
4 Eßlöffel Zucker
2 gehäufte Teelöffel Kartoffelstärke

Den Orangensaft mit dem Zucker und der Kartoffelstärke unter Rühren zum Kochen bringen und anschließend auf Körpertemperatur abkühlen lassen. Hier gilt die Grundregel: auf jede hundert Gramm Orangensaft kommen zwei Eßlöffel Zucker und ein Teelöffel Kartoffelstärke. Die untere Hälfte des Kuchens gleichmäßig mit der Orangencreme bestreichen und anschließend wieder mit der oberen Hälfte bedecken. Jetzt nur noch mit Puderzucker bestäuben, anschneiden und genießen.

Diese Torte kann man natürlich mit jeder Frucht, die Saft gibt, zubereiten.

Gelatina d'Arance Im Winter werden die Orangen reif und die grün belaubten Bäume hängen voller prall saftiger Früchte in der leuchtenden Farbe einer Abendsonne. Aus dem Saft können selbst Anfänger ein köstlich leichtes Gelee herstellen.

250 ml frischgepreßter Orangensaft mit Fruchtfleisch (4-6 Port.)
6-8 Blatt Gelatine
5 Eßlöffel Zucker
1 Schuß Orangenlikör

Die Gelatine in kaltem Wasser einweichen. Den Orangensaft mit dem Zucker langsam zum Kochen bringen und mit einem üppigen Schuß Orangenlikör abschmecken. Die Gelatine auspressen und unter ständigem Rühren in der heißen Flüssigkeit auflösen. Abkühlen lassen. Entweder portionsweise in Dessertschüsselchen oder in eine Puddingform umfüllen und im Kühlschrank zirka acht Stunden erstarren lassen. Das Gelee vor dem Servieren beispielsweise mit frischem Erdbeerpüree anrichten und einigen Blättern Minze garnieren.

Panna cotta

250 ml Schlagsahne
250 ml Milch
1 ungespritzte Zitrone oder Orange
80 g Zucker
1 Stange Vanille oder 1 Päckchen Vanillezucker
3-4 Blatt Gelatine

Gelatine in kaltem Wasser einweichen. Die Sahne und die Milch zusammen mit der Vanillestange, der Zitronen- oder Orangenschale und dem Zucker zum Kochen bringen. Vom Feuer nehmen, die vorgeweichte Gelatine unter ständigem Rühren darin auflösen und abkühlen lassen. Die lauwarme, noch flüssige Panna Cotta in etwa tassengroße Formen portionieren oder in eine Kastenform füllen. Wenn sie vollständig abgekühlt ist, für etwa acht Stunden in den Kühlschrank stellen. Die gelierte Masse stürzen, eventuell in Scheiben schneiden, mit Fruchtpüree servieren.

Tiramisù Die beliebte italienische Vorspeise präsentiert sich hier in einer leichten, haltbaren und nicht zu süßen Variante ohne Eier. Dieses *Tiramisù* gelingt immer. Die Schlagsahne und die Mascarpone verbinden sich zu einer cremigen Köstlichkeit.

500 ml frische Schlagsahne (6-8 Portionen)
500 g Mascarpone
125 g Zucker
1 Päckchen Löffelbiskuit
250 ml Espresso
1 cl Amaretto oder anderer Likör
Kakaopulver zum Bestreuen

Mascarpone, Sahne und Zucker mit dem Mixer zu einer glatten, schaumigen Masse verrühren. Espresso mit der doppelten sonst üblichen Menge Wasser kochen und mit dem Likör mischen. Den Boden einer rechteckigen Form mit einer Schicht Löffelbiskuits auslegen, die vorher kurz in den noch heißen Kaffee getaucht wurden. Mit einem Teil der Mascarpone-Sahne-Mischung bedecken und diese mit dem Löffel glatt streichen. Eine zweite Schicht kaffeegetränkter Löffelbiskuits quer zur ersten legen und darüber die restliche Creme verteilen. Mit einem breiten Spachtel glatt streichen. Einige Stunden ziehen lassen. Mit Kakaopulver bestreuen.

Bigné con la Crema Wer kennt sie nicht, diese mundgerechten, auf der Zunge zergehenden Beignets mit der locker-cremigen und doch so leichten Füllung, von denen man nicht genug bekommen kann. Dabei ist die Zubereitung des Teigs und der Creme, die sich beliebig aromatisieren läßt, denkbar einfach.

250 ml Wasser
15 g Mehl
30 g Butter
3-4 mittelgroße Eier
1 Prise Salz
1 Prise Bicarbonat

Das Wasser langsam in einem mittelgroßen Topf zum Sieden bringen. Die Butter, das Bicarbonat und Salz darin auflösen. Den Topf vom Herd nehmen und mit einem Schneebesen das Mehl in die Flüssigkeit einrühren – die Temperatur der Flüssigkeit sollte kurz vor dem Siedepunkt stehen, damit das Mehl beim Einstreuen nicht klumpt. –, bis sich der Teig leicht vom Rand löst und zu einem Kloß geworden ist. Den Teigkloß auf Körperwärme abkühlen lassen und mit den Fingerspitzen zunächst ein Ei darunter mischen. Von den restlichen Eiern immer nur das Eigelb dazu geben und wieder verkneten, bis der absolut geschmacksneutrale Teig eine zähe, klebrige Konsistenz erreicht hat, die sich kaum von den Fingern lösen läßt. Den Backofen auf 200 Grad vorheizen. Ein Backblech mit Backpapier auslegen und es in großzügigen Abständen von etwa zehn Zentimetern mit jeweils einer eßlöffelgroßen Portion des Bignéteigs bestücken. Im Backofen zirka dreißig Minuten aufgehen lassen. Sie sollen leicht gebräunt sein. Ein Bigné herausnehmen und prüfen, ob die großflächigen Blasen in seinem Inneren getrocknet sind. Wenn nicht, das gefüllte Backblech noch einige Minuten ohne Hitzezufuhr im Backofen lassen, damit die restliche Feuchtigkeit

*verdunsten kann. Die abgekühlten Bigné aufschneiden oder mit ei-
ner Tortenspritze mit der köstlichen Creme füllen.*

*1 Liter Milch
6 Eigelb
250 g Zucker
100 g Kartoffelstärke oder 50 g Mehl und 50 g Kartoffelstärke
1 Prise Salz
1 Vanillezucker
1 abgeriebene Zitrone
1 guter Teelöffel Butter*

*Die Milch bis zum Siedepunkt erhitzen, einige Salzkörner einstreu-
en. Die Eigelb mit dem Zucker schaumig schlagen, bis sich der
Zucker vollständig aufgelöst hat und die durch ein Haarsieb gestri-
chene Kartoffelstärke darunter rühren. Eßlöffelweise etwas der sehr
warmen Milch dazugeben, damit sich die Masse verflüssigt. Diese
anschließend in die restliche Milch einrühren und auf kleiner Flamme erhitzen. Eine Gabel durch die Schale der halben Zitrone stecken
und mit diesem ungewöhnlichen Kochlöffel die Creme solange
rühren, bis sie beginnt, fest zu werden. Den Topf vom Herd ziehen
und die Butter darunter rühren, damit sich keine Haut bildet.*

Wer Schokoladegeschmack liebt, kann unter die Creme aufgelöste
Bitter- oder Mokkaschokolade mischen. Auch sehr fest geschlagene
Schlagsahne kann unter die abgekühlte Creme im Verhältnis eins
zu eins gehoben werden. Die gefüllten Windbeutel sollten immer
sofort wieder im Kühlschrank gelagert werden, damit sie nicht
durchweichen können – falls nach dem Probieren überhaupt noch
ein *Bigné con la Crema* übrigbleibt.

Christoph Klimke

LIEBE GEHT DURCH DEN AUGENBLICK

Matera – Pasolini – Muntagnola

Anfang der sechziger Jahre flog Pier Paolo Pasolini nach Palästina, weil er hier Schauplätze für seinen Film «Il Vangelo Secondo Matteo» (Das zweite Evangelium des Matthäus) zu finden hoffte. Er landete nachts in Tel Aviv und fuhr sogleich hinaus aufs Land. Doch von der Alten Welt, von Kibbuz-Industrie, moderner Landwirtschaft und einer öden Architektur enttäuscht, beschloß er, den Film doch in Süditalien zu drehen. Und aßen seine römischen Armen in «Accatone» nach einem Deal einfachste und beste Spaghetti, starb sein Antiheld Stracci im Film «La Ricotta» am Kreuz vor der Kulisse aus Kuppeln und Palästen, weil er zuviel Weichkäse gegessen hatte, begab sich Pasolini mit seinem neuen Christus-Film in den Süden Italiens zu den Wundern der Brote und Fische.

In Matera sind die *Sassi* noch nicht schicke Ferienwohnungen und erinnern an ein anderes Palästina. Pasolini findet hier nicht nur eine ideale Kulisse, sondern auch den richtigen Boden für sein «Matthäusevangelium». Und wie in den Filmen zuvor nimmt er die Gesichter, Körper und Figuren, die Ikonographie vor Ort als Bild seines Bildes. Im Geiste eines Duccio oder Piero della Francesca stellt er mitten in der armen Basilicata ein poetisch-reiches Golgatha auf, das diesem Land entspricht: sanft im Herzen, aber nie im Denken.

«Christus ist ein geheimnisvolles Licht», schreibt der streitbare Regisseur. Und es ist genau dieses Licht über den Hängen Lukaniens bis hinunter zum Meer, über verlassenen Dörfern und eben den *Sassi* von Matera, das diesem filmischen Meisterwerk sein Geheimnis verleiht. In solchem Süden konnte Pasolini leicht von der antiken zur modernen Welt wechseln, ohne sie rekonstruieren zu müssen.

Alberto Moravia und Dacia Maraini haben mir erzählt, daß ihr Freund nie ein großer Esser oder Genießer war. Er liebte es, an der Landstraße anzuhalten und in einer einfachen *Trattoria* einzukehren; er aß hastig und trank wenig. Aber er mochte sehr die Atmo-

Gaetano Dimatteo, «Maria Callas in Medea di P.P. Pasolini», 1982/83

sphäre bei Tisch mit Freunden und Feinden, Rotweinflecken auf dem Tisch, die von Hand zerrissenen Brotlaibe, den Geruch kräftiger Gewürze, das tiefgrüne Olivenöl. Scharf wie das Saubohnenpüree war die Sauce in seinem Film «Große Vögel Kleine Vögel», wo Pasolini Totò und seinen Freund Ninetto Davoli am Ende den Raben, der sie auf ihrem Weg durch die Welt begleitet und sie mit der marxistischen Theorie nervt, diesen schwarzen Vogel genüßlich verspeisen läßt, und zwar mit scharfer Sauce. Schließlich schmeckt nur so jegliche Ideologie.

Als ich durch die Basilicata reiste, mußte ich an solche Lebensrezepte denken und fand Bilder wieder, die genau das ausdrücken, was der große italienische Dichter und Regisseur suchte: ein Land archaischer Schönheit. Menschen, die diese Schönheit leben, ohne sie zu verraten.

So arbeitet auch Gaetano di Matteo, ein Maler von Rang aus der Basilicata, der seinen Pasolini-Portrait-Zyklus in der «Trattoria á

Gaetano Dimatteo und der Dichter Biagio Arixi in Berlin

Muntagnola» im Januar 2001 ausgestellt hat. Mit sehr persönlichem Blick zeigt er seine Sicht auf einen Mann, dessen Werk ein Testament des Körpers war und ist. Und um den Körper als Ort jeder *Passione* geht es di Matteo. Kunst in einer Trattoria? Sì! Dank Pino ist es die sinnliche Widersprüchlichkeit, die Lust macht in seinem Lokal. Und Gaetano di Matteo, Freunde und Gäste und auch ich wußten an jenem verschneiten Sonntagmorgen zwischen Prosecco, Bildern von großer Farbigkeit, den uns anblickenden Augen Pasolinis und der Freude auf ein gutes *Pranzo* einen Moment lang innezuhalten: für und wider, so wie PPP für und wider sich war. Auf den Spuren der Basilicata bin ich bei der Di Matteo-Vernissage in Berlin, und auf den Spuren Pasolinis und eigener Lust mache ich mich bald wieder auf den Weg in die Basilicata.

Solche Spuren finde ich immer wieder auf den Tischdecken der «Muntagnola», in der Gastfreundschaft, die mehr als nur ein Wort oder *Limoncello* ist, in Pino und seiner Mutter, die mitten im rauhen Berlin ihre Insel gegründet haben. Wohl dem, der hier anlegt! In dieser Küche, in den Gläsern, im Lachen und Streiten, in Liebe und Anarchie, in Tradition und Artischocken-Herz lebt jedesmal eine *Complicità* unter Menschen auf, die, egal woher sie kommen, zusammengehören: ein lukanisch-kulinarisches Babel. Und wenn diese Abende enden – immer ein wenig trunken und ziemlich verliebt –, denke ich an Pier Paolo Pasolini, der seinen Alfa in der Fuggerstraße parken würde, vielleicht begleitet von einem dieser verdächtig gutaussehenden Menschen. Sinnlichkeit stört ja nicht. Schon gar nicht in Berlin. Ein Blick genügt, und du bist auf und davon.

Alphabetisches Rezeptverzeichnis

Literatur

Basilikata, Reiseführer, Novara 1997

Bosi, Roberto, L'Olio – Olivenöl. Von der kostbaren Frucht des Ölbaums, München 1995

Carluccio, Antonio, Meine italienische Küche, München 1997

Fierro, Gaetano, Il Mito Della Lucania Sconosciuta, Venosa 1994

Guida ai Parchi Letterari nel Mezoogiorno, Ambiente, culture e tradizioni sulle tracce di grandi Scrittori, Milano 2001

Guida Enogastronomia della Basilicata, Novara 2001

Hedenström, Peter von, Prinz Eisenherz in der Basilicata. Ein Beitrag zur Verbindung von Buch- und Eßkultur, Berlin 2002

Levi, Carlo, Christus kam nur bis Eboli, München 16. Auflage 2000. Übersetzt von Helly Hohenemser-Steglich. Wir danken dem Europa-Verlag, Hamburg und Wien, für die Abdruckgenehmigung der Zitate von Carlo Levi.

Nigro, Raffaele, Die Feuer am Basento, München 1983

Schnars, Carl Wilhelm, Dr., Eine Reise durch die neapolitanische Provinz Basilicata und angrenzende Gegenden, St. Gallen 1859

Süthold, Michael, Manoscritto Lucano, Ein unveröffentlichtes Kochbuch aus Süditalien vom Beginn des 16. Jahrhunderts, Kölner Romanistische Arbeiten, Neue Folge Heft 70, hg. vom Romanischen Seminar der Universität Köln, Genf 1994

Valicenti, Federico, La Storia a Tavola, Breviario di Cucina, Matera 2001

Informationen

ENIT Staatliches Italienisches Fremdenverkehrsamt: www.enit.it
Karl-Liebknecht-Straße 34, 10178 Berlin, Tel. 030-24 78 398, Fax -399
Kaiserstraße 65, 60329 Frankfurt, Tel. 06923-74 34, Fax: 069-23 28 94
Prospektmaterial unter der gebührenfreien Servicenummer 00 80000-48 25 42

Azienda di Promotione Turistica della Basilicata: www.apt-basilicata.it
Potenza, Via Cavour 15. Tel. 0039-097141 18 39, Fax 0039-097136 196
Matera, Via De Viti De Marco 9. Tel. 0039-083533 19 83, Fax 0039-083533 34 52
Maratea, Piazza del Gesú. Tel. 0039-097387 69 08, Fax 0039-097387 74 54

Regionaler Hotelverband und Reservicrungsscrvice «Sotto il Segno del Delfino», Maratea. Tel. 0039-097387 64 99, Fax 0039-097387 66 95

Nationalpark, «Parco Nazionale del Pollino», Rotonda, Via Mordini 20, Tel. 0039-097366 16 92, Fax 0039-097366 78 02

Lebensmittel aus der Basilikata: www.soleeluna.de

Lukanische Restaurants in Berlin
Trattoria á Muntagnola, Fuggerstraße 27, 10777 Berlin Tel. 030-211 66 42
La Rustica, Kleine Präsidentenstraße 4, 10119 Berlin, Tel 030-281 91 79
Al Contadino sotto le Stelle, Auguststraße 34, 10119 Berlin, Tel 030-281 90 23

Fotografien von

O. Chiaradia; Gudrun Fröba; Guy Jaumotte; Studiocamera R. Montanari S. Sanson; Michel van den Kerkhoff; Nicola Vena; Azienda di Promotione Turistica della Basilicata.

Dank

Wem soll ich zuerst danken? Angela, die mir unendlich viele ihrer Küchengeheimnisse verriet? Oder Pino, der mir die Idee zu diesem Buch schenkte? Frau Professor Dr. Eva Preuß hat mich über viele Jahre immer wieder damit «gequält», subjektiv zu schreiben und über jedes Detail zu berichten. Daß ich dies beruflich umsetze, ist Verdienst meiner langjährigen Mentorin und Freundin Dr. Ulla Sebastian. Klara und Helmut danke ich für ihre Liebe.
Sigrid Fontana

Zu den Autorinnen und Autoren

Sigrid Fontana studierte an der FU-Berlin Publizistik, Theaterwissenschaften und Italienisch. Nach Abschluß des Studiums arbeitete sie zunächst als Dozentin in der Erwachsenenbildung mit dem Schwerpunkt Öffentlichkeitsarbeit. Als freiberufliche Publizistin schreibt sie Porträts und Texte für Broschüren und Homepages und arbeitet an Sachbüchern mit. Sie lebte längere Zeit in Rom.

Carmen Lasorella arbeitet beim italienischen Fernsehen RAI Uno als Deutschlandkorrespondentin in Berlin. Ihr Vorwort wurde von Giuseppe de Siati ins Deutsche übersetzt.

Filippo Mele, 1953 in Rotondella geboren, lebt in Policoro und Scanzano im Metapontino. Chirurg seit 1980 und freier Journalist für verschiedene Zeitschriften und Zeitungen. Sein Beitrag wurde von Giuseppe de Siati ins Deutsche übersetzt.

Christoph Klimke, 1959 geboren, lebt als Schriftsteller und Dramaturg in Berlin. Zuletzt erschien: «Alles sei Traum» (Gedichte), «IanusStadt» (Erzählungen). Für sein Buch «Wir sind alle in Gefahr. Pasolini. Ein Prozeß» erhielt er den Ernst-Barlach-Preis für Literatur.